これからの世界に、必要とされる企業であるために。

私たち日本郵船グループは、

総合物流企業の枠を超え、中核事業の深化と新規事業の成長で、

未来に必要な価値を共創します。

これまでを極め、これからを拓く。

三 日本郵船　 NYK GROUP

世界をOne NRSでつなぐ

品質・安全という基盤のさらなる強化と高度な競争力を追求し
社会に貢献できる化学品の総合物流企業として、私たちは世界のリーディングカンパニーを目指します

NRS株式会社

東京都千代田区神田錦町３－７－１
https://www.nrsgr.com/
TEL: 03-5281-8179（営業統括部）

2022年10月、株式会社日陸はNRS株式会社に
INTERFLOW(T.C.S)LTD.は
NRS OCEAN LOGISTICS LTD.へ社名変更いたしました

NRS GROUP

NRS株式会社
NRS物流株式会社
高石ケミカル株式会社
NRSオーシャンロジスティクスリミテッド日本支店
NRSエアロジスティクス株式会社
株式会社東京液体化成品センター
NRS LOGISTICS AMERICA INC.（ニューヨーク、フェニックス）
NRS OCEAN LOGISTICS LTD.（ロンドン）
NRS OCEAN LOGISTICS LTD. ROTTERDAM BRANCH
NRS OCEAN LOGISTICS LTD. LE HAVRE BRANCH
NRS OCEAN LOGISTICS LTD. HOUSTON BRANCH
NRS LOGISTICS SINGAPORE PTE. LTD.
日陸物流（上海）有限公司（NRS LOGISTICS SHANGHAI CO., LTD.）
上海日陸北方物流有限公司（SHANGHAI NRS-NORINCO LOGISTICS CO., LTD.）
NRS LOGISTICS KOREA CO., LTD.
NRS-HANEX Co., Ltd.（韓国）
Calt Logis BUD Co., Ltd.（韓国）
NRS LOGISTICS (THAILAND) CO., LTD.
NRS Raiza Logistics Vietnam, JSC.
台湾日陸物流股份有限公司（NRS LOGISTICS TAIWAN CO., LTD.）

陸上・海上輸送のご用命は
お電話またはHPのお問合せよりお願いします

何よりも「大」自然。

EVERGREEN GROUP

自然との共生を、永続的に。

自然は何より大切な存在。
大切に思うものなら必ず目をひきます。
地球のパートナーとして、エバーグリーンマリーンはこの広い海で、
共生、共存、共栄の歩みを、永続的に。

 EVERGREEN LINE
www.evergreen-line.com

"AS ONE, WE CAN."
運んでいるのは、ひとり一人の毎日。

ONE
OCEAN NETWORK EXPRESS

OCEAN NETWORK EXPRESS (JAPAN) LTD.
https//: jp.one-line.com

We Find the Way

For Where You'll Go Next

すべてのビジネスには、成功へたどり着く最善の方法がある。それを見つけ出すためなら、いかなる努力も惜しまない。NIPPON EXPRESSは、150年にわたる豊富な経験をもとに、48カ国で事業を展開するグローバル・ロジスティクスのリーディング企業です。私たちが運び届けるのは、たとえば美術品、医薬品、半導体チップから航空エンジンまで、実にさまざま。ネットワークと高度な専門性を活かした提案力で、複雑化するロジスティクスの最適解を見つけ出します。あなたのビジネスの進む先がどこであっても、いつも近くで支えてゆく。私たちは、NXグループです。 **nipponexpress.com**

NIPPON EXPRESS
We Find the Way

2022年1月から日本通運グループは「NX」へ名称が変わりました。

Ben Line Agencies (Japan)'s Worldwide Principals

Alcatel-Lucent Co. (France)

Anglo Eastern Shipmanagement Ltd. (Hong Kong)

ANL Container Line Pty Ltd. (Singapore)

Asset Maritime Security Service (U.K.)

China United Lines (China)

Dalian Jifa Bonhai Rim Container Lines (China)

EAS International Shipping (China)

Global Marine Systems (U.K.)

Kestrel Global Logistics (U.K.)

M&S Logistics (U.K.)

Nile Dutch Africa Line (Netherlands)

Port of Houston Authority

Scottish Development International (U.K.)

Sea Consortium Pte Ltd. (Singapore)

Siem Car Carriers (U.K.)

TE Subsea Communications LLC (U.S.A.)

Thames Port (U.K.)

The Shipping Corporation of India Ltd. (India)

Tropical Shipping, Inc. (U.S.A.)

Tyco Tele Communications (U.S.A.)

UAFL (Indian Ocean Islands & Mozambique)

Wuhan New Port Datong Int'l Shipping (China)

X-Press Feeders (Singapore)

 BEN LINE AGENCIES (JAPAN) LTD.

4th Fl, Shinagawa TS Bldg., 2-13-40 Konan, Minato-ku, Tokyo 108-0075 Japan
Tel: (03)6718-0704   Fax: (03)6718-0717
logistics.it@benline.co.jp   http://www.benlineagencies.com

大切な貨物
大切なあなたへ
人々の想いを運ぶ

東京港

国際貿易港、そして国内の海上輸送拠点として
発展し続ける東京港は、
東京・首都圏の生活と産業を支えてきました。
今後も物流ニーズに応え、
使いやすさを向上させることにより、
人にやさしく、選ばれる港としてまい進します。
一つひとつの大切な貨物。
東京港は、人と人とを繋ぐ港として、
未来に向けて進化し続けてまいります。

 東京都港湾局　　 東京港埠頭株式会社　　一般社団法人 東京都港湾振興協会

博多港 NEXT

選ばれる港へ

- ●充実した航路網 44 航路月間 220 便 （2024年7月現在）
- ●物流 IT システム (HiTS) による効率化・迅速化
- ●半径 5km 圏内に港湾、空港、高速道路、鉄道の輸送モード拠点（ターミナル）が集積する利便性

アジアのリーダー都市へ

FUKUOKA NEXT

福岡市港湾空港局

博多港　検索

電話092-282-7110　FAX 092-282-7772
E-mail：butsuryu.PHB@city.fukuoka.lg.jp

Manifest Filing Solution Service
Ocean ACE
（米国版24時間ルール対応サービス）

◎お問い合わせは　㈱オーシャンコマース　鶴町
Tel：03-3435-7510　Fax：03-3435-7892
mail address：Tsurumachi@ocean-commerce.co.jp

DESCARTES

「Ocean ACE」はThe Descartes Systems Group Inc.（Descartes社）が提供するACE（AMS）マニフェストファイリングソリューションです。

オーシャンコマースは2002年からDescartes社（FCS社）の日本代理店としてACE接続サービスの日本におけるマーケティング、トレーニング、サポート業務を展開し、ACE自社ファイリングをお手伝いしています。すでに20数社を超える導入実績があります。

The Descartes Systems Group Inc.
81年創業のNASDAQとトロント証券取引所の上場企業で貿易と運輸に関わるロジスティクスシステムに特化した世界最大のIT企業。2017年1月期の収益は2.38億米ドル。本社はカナダ・オンタリオ州ウォータールー。

ISF導入AMSでかわる昨今の「ACE事情」

2010年1月26日よりISF（「10＋2」ルール）が本格的に導入されました。これにより、従来、マニフェストデータを船社に丸投げしていたNVOCCは自社送信の必要に迫られています。

ISFではACE上のLowest LevelのB/L番号に対して申告します。つまりHouse B/L番号レベルでも両者のマッチングが要求されます。NVOCCの方々がACE申告を船社に依頼すると、船社は通常、自社のルールに基づきNVOCCのHouse B/L番号を別の番号にかえてACE送信します。この場合、House B/L番号をそのまま使用するとその番号のHouse B/LはACE上に存在しないため、ISF申告ができません。これが米国側Importerの信用を失い、ひいてはShipperのnon-automated NVOCC離れとなります。つまり、これまでのように「ACE申告は船社に丸投げ」というやり方を続けているとNVOCCとしての競争力を維持できません。なるべく早くACEファイラーになることをお薦めします。

また、船社によっては、貨物の受け手側（米国）または積地側（日本）のどちらか一方のNVOがAuto Filerである場合、貨物の丸投げ（船社によるデータ送信代行）は受け付けませんので、日本のNVOも早急に自社ファイリングのステータスを取得する必要があります。

「Ocean ACE」導入のメリット

①貴社独自のHouse B/L番号を使用したISFファイリングが可能です。

②自社貨物のACE/ISF上の最新ステータスをいつでも自分で確認できます。

③大幅なコスト削減が可能です。

④貴社の宝である顧客情報が競争相手となる船社や共同混載するNVO他社に開示されません。

⑤船社都合に左右されず、いつでも入力、訂正、削除できます。

「Ocean ACE」の特徴

①ご利用にあたって特別なネットワーク環境、ハード、ソフトを必要とせず、インターネットに接続されたパソコンがあればOKです。

②データの入力と編集、米税関国境警備局（CBP）への送信はわかり易いウェブインターフェースを利用して行います（EDIによるデータ送信も可能）。ファイリング用アカウントはユーザー名とパスワードで保護され、通信はSSL（Secure Socket Layer）を通して行われるため、通信中のデータの遺漏、改ざんがありません。

③ここでご紹介したOcean ACE以外に、Air ACE（航空貨物ACE）、日本版24時間前ルール（AFR）カナダ版24時間前ルールであるACI、e-Manifest、EU版24時間ルールのICS、Japan Ocean AFRのサービスもあります。また、ISF（10＋2ルール）にはDescartes ISFというソリューションが用意されており、幅広いニーズに対応できます。

④SCACコードの取得、ボンドの供託方法、CBPへの申請から日々の入力、送信業務まで、ご不明の点はオーシャンコマースがサポートしますので、最小の労力とコストでCBPが要求する電子ファイル送信業務を実行できる環境が整っています。

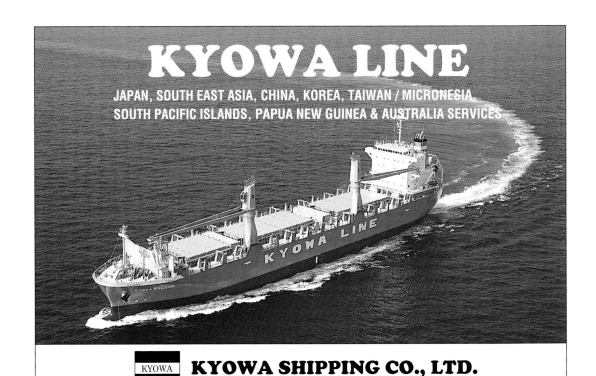

TOKO LINE

東興海運株式会社
TOKO KAIUN KAISHA, LTD.

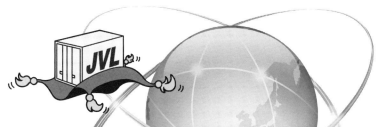

目　次

輸出業務の概要

1. 売買契約の成立

(1) 売買契約書

　貿易とは国際間で商品やサービスを売り買いする商取引のことをいいます。国内取引は貿易ではありません。国内取引の場合と違って、取引相手が外国にいるということで使用する言語や通貨が異なり、買い手に商品を届けるまでに日数がかかり、決済方法も国内とは違った方法がとられるので直接代金を受け取ることはなく、さらにビジネス慣習や準拠する法律も異なり、通関の手続きも必要となってくるなどさまざまな問題や不安が発生します。これらを解消するため、銀行や輸送業者、港湾業者、通関業者、税関などさまざまな業者や政府機関がかかわることによって売買契約から納品まで円滑な取引の流れがシステム化されています。

　国際間の商品の売買も国内の取引と同様に、売り手（Seller）と買い手（Buyer）との間で引き合い／売り申し込みなどの商談を通じて売買契約が成立します。この場合、売り手は輸出者（Exporter）であり、買い手は輸入者（Importer）です。輸出者は荷送り人となりシッパー（Shipper）あるいはコンサイナー（Consignor）とも呼ばれ、輸入者は荷受人となりコンサイニー（Consignee）とも呼ばれます。

　輸入者の引き合い（Inquiry）に対して提示された輸出者の売り申し込み（Offer）を輸入者が承諾（Acceptance）したとき、または、輸入者が提示した買い申し込みを輸出者が承諾したとき、あるいは、どちらか一方の逆申し入れ（Counter Offer）をその相手方が承諾したときに売買契約は成立します。

　売買契約は諾成契約として単なる口約束でも成立しますが、後日の紛争を回避するために、売買条件を取りまとめて売買契約書（Contract または Agreement）として売買当事者双方で署名の上、確認することが望まれます。

　売買契約書に盛り込まれる内容は、商品名、品質、数量、単価・金額、貿易取引条件（国際商業会議所（International Chamber of Commerce: ICC）制定のインコタームズに基づく建値条件）、支払い条件（代金決済条件）、船積み期日、積み港、揚げ港、保険、包装、荷印、その他一般条件などです。とくに、建値条件については当事者だけでなく第三者にも分かりやすい ICC 制定のインコタームズに基づくことが一般的です。

(2) インコタームズ

　島国の日本から外国に向けて輸出貨物を運ぶ手段は海上輸送か航空輸送に限られますが、重量ベースでは一度に大量の貨物を運べる海上輸送が全体の 99％以上と圧倒的なシェアを占めています。ただ、国際海上輸送は距離が長いため、例えば欧州航路や南米東岸航路などでは最終目的地まで 1 カ月以上

かかり、輸送中に、悪天候、自然災害、不慮の事故などで貨物が損傷したり紛失したりするリスクも抱えています。このようなリスクを売り手と買い手のどちらが負担するかについて双方があらかじめ了解していないと、後日紛争のもとになり、本来であれば必要のなかった余分な時間とコストがかかる可能性があります。このようなトラブルを避けるため、取引条件を決めておくことはとても重要になります。

　国際商取引は長年にわたって行われてきたので、売買慣行が定型化され、これが国際標準として利用されてきましたが、ことばや慣習、法制度などの違いから、国や地域によって解釈が異なる場合がありました。そこで 1936 年に ICC が「貿易条件の解釈に関する国際規則」（International Rule for the Interpretation of Trade Terms）を制定しました。通称「インコタームズ」（Incoterms）と呼ばれ、定型取引条件（trade terms）の代表的なもので、国際貿易を取り巻く環境の変化に対応してほぼ 10 年ごとに改訂され、現在は 2020 年 1 月 1 日に発効した 2020 年版が利用されています。

　2020 年版は、貿易条件が下の表のように 2 グループ・11 条件に整理されています。このうち第一グループはすべての輸送モード（海・空・陸）に適し、複数の輸送手段にも利用できます。EXW、FCA、CPT、CIP、DAP、DPU、DDP の 7 つがこのグループに属しています。

　第二のグループは「海上および内陸水路のための規則」で輸出者から運送人への貨物引き渡し地点と買い手への引き渡し場所はどちらも港でなければなりません。このグループには FAS、FOB、CFR、CIF の 4 つが属して

2020年版インコタームズ

	いかなる単一または複数の運送手段にも適した規則	略語	訳例
1	Ex Works (named place of delivery)	EXW	工場渡し（指定引渡地）
2	Free Carrier (named place of delivery)	FCA	運送人渡し（指定引渡地）
3	Carriage Paid To(named place of destination)	CPT	輸送費込み（指定仕向地）
4	Carriage and Insurance Paid To (named place of destination)	CIP	輸送費保険料込み（指定仕向地）
5	Delivered at Place (named place of destination)	DAP	仕向地持込渡し（指定仕向地）
6	Delivered at Place Unloaded	DPU	荷卸込持込渡し
7	Delivered Duty Paid (named place of destination)	DDP	関税込持込渡し（指定仕向地）
	海上および内陸水路運送のための規則	略語	訳例
8	Free Alongside Ship (named port of shipment)	FAS	船側渡し（指定船積港）
9	Free on Board (named port of shipment)	FOB	本船渡し（指定船積港）
10	Cost and Freight (named port of destination)	CFR	運賃込み（指定仕向港）
11	Cost, Insurance and Freight (named port of destination	CIF	運賃保険料込み（指定仕向港）

買主と売主の費用負担

	運送手配	保険手配	輸出通関	輸入通関	荷卸し費用
EXW	買主	買主	買主	買主	買主
FCA	買主	買主	売主	買主	買主
CPT	売主	買主	売主	買主	売主
CIP	売主	売主	売主	買主	売主
DAP	売主	売主	売主	買主	買主
DPU	売主	売主	売主	買主	売主
DDP	売主	売主	売主	売主	買主
FAS	買主	買主	売主	買主	買主
FOB	買主	買主	売主	買主	買主
CFR	売主	買主	売主	買主	売主
CIF	売主	売主	売主	買主	売主

います。

　インコタームズでは長い間売り手と買い手のリスク負担の分岐点は本船の手すり（ship's rail）となっていました。現在では定期船貨物はほとんどがコンテナ船で運ばれていますが、コンテナ化される前は在来船が一般的で、当時は、例えば吊り上げられた貨物がクレーンのワイヤーが切れて陸側に落下して破損したら売り手が、本船側で落下したら買い手がそのリスクを負担することになっていました。つまり貨物事故が手すりを境に本船側か、あるいは岸壁側で発生したかでリスク負担が決まりましたが、コンテナ船の時代になると本船には手すりがないのでこの概念が通用しなくなりました。そこで2010年の改訂の際に、貨物は本船上に置かれた時点または本船上で調達された時点でリスクが移転すると変更されました。調達とは物品を買うことで、航海中に物品を購入するとその売買契約を結んだ時点で引き渡しが行われたことになり、本船上の商品を輸送中に転売できる条件が初めて導入されました。2020年版でもこの条件が引き継がれています。

　輸出貨物のリスクの移転は売買の当事者だけでなく輸送業者にもかかわっ

買主と売主の危険・費用負担の移転時期

EXW	工場等（約定された仕出地）
FCA	運送人に引渡しされた時
CPT	危険は運送人に引渡された時に移転、運賃は仕向地まで売主負担
CIP	危険は運送人に引渡された時に移転、運賃と保険料は仕向地まで売主負担
DAP	仕向地での荷卸し前
DPU	仕向地での荷卸し後
DDP	仕向地での荷卸し前
FAS	本船の船側に置かれた時または船側で売買された時
FOB	本船の船上に置かれた時または本船上で売買された時
CFR	危険は本船上で移転、海上運賃は仕向港まで売主負担
CIF	危険は本船上で移転、費用(運賃と保険料)は仕向港まで売主負担

てきますからとても重要なことです。2020年版の11条件のうち、EXW、FCA、CPT、CIP、FAS、FOB、CFR、CIF の 8 つは輸出国で売り手から買い手に、DAP、DPU、DDP の 3 つは輸入国で売り手から買い手にそれぞれリスク負担が移転するということはしっかりと理解していなければなりません。

　インコタームズはその名称の通り国際取引のためにつくられた規則ですが、2010年版から国内取引にも利用できることが認められました。日本の内航輸送で利用されることは考えにくいのですが、EU のように加盟27カ国（2024年時点）、総面積423万km²（日本の約11倍）という広大な領域で一部の加盟国を除き国境がなくなって人やモノの移動が自由になり、一つの国のようになったマーケットでは域内で利用することはメリットがあるかもしれません。

　また、インコタームズは法律でも国際条約でもなく非政府機関の国際商業会議所（ICC）が策定した貿易条件の定義にすぎないので、将来発生するかも分からない取引上のトラブルに備えて契約当事者は契約の貿易条件が「インコタームズ2020」に準拠する旨契約書に明示しておく必要があります。

(3) ウィーン売買条約

　貿易取引にかかわる国際条約としてはインコタームズのほかに1988年1月に発効した国際物品売買契約に関する国際連合条約（United Nations Convention on Contracts for the International Sale of Goods: CISG）、通称ウィーン売買条約（Vienna Sales Convention）があります。インコタームズの方が歴史も古く一般的に広く利用され、航空輸送の発展や海上コンテナ輸送など輸送手段の近代化や輸出入業者など貿易当事者のニーズに対応して10年ごとに改訂されてきましたが、それでも国際的な物品売買に関する統一法を制定することによって法的な裏付けを確立し、貿易取引の健全な発展を促進するために1980年4月にウィーンで開かれた外交官会議でこの条約が採択され1988年1月1日に発効、すでに国際物品売買の準拠法として世界標準ルールとなっています。加盟国は2024年時点で97カ国、署名済みだが未批准が18カ国となっています。日本は2009年8月1日に国会で加入が承認され、同日付で発効、71番目の加盟国となりました。

　同条約の適用範囲は取引当事者の国籍や法

インコタームズとウィーン売買条約の違い

○：規定あり　×：規定なし

	インコタームズ	ウィーン売買条約
売り手と買い手の義務	○	○
危険移転の時期	○	○
契約の成立	×	○
契約違反に対する救済	×	○
契約の有効性	×	×
所有権の移転時期	×	×

人設立地に関係なく、異なる締約国に所在する企業間の契約となり、消費者の取引には原則として適用されません。この条約は任意規定であり当事者の合意を優先するので条約の排除や適用の一部制限が可能ですし、当事者間で特約があればそれが優先します。

　インコタームズとの関係では、インコタームズに同様の規定があればインコタームズが優先します。インコタームズに「売り手と買い手の義務」および「危険移転の時期」の規定がありウィーン売買条約にも同様の規定がありますが、これらの規定はインコタームズが優先します。インコタームズに規定されていない範囲でウィーン売買条約が適用されます。ウィーン売買条約の主な内容は次の通りです。

　「契約の成立」：契約成立は承諾の到達時と規定しています。申し込みと承諾の完全一致の原則を緩和し、申し込みと承諾の内容が多少異なってもささいな相違であれば契約の成立を認めています。

　「当事者の権利と義務」：契約の解除は重大な契約違反の場合に限ると制限しています。また契約違反に対する救済手段につても、相手方が契約に違反することが予想される場合には期限前の契約解除など予防的な方法も規定しています。

　インコタームズもウィーン売買条約も国際取引にとってはとても重要な「契約の有効性」や「所有権の移転」については規定がありま

せん。これは国によって関係法が異なっていることなどが大きな要因となっています。

(4) 輸出品の調達

　売買契約が成立しだい、在庫を調べ、手持ちではまかないきれない場合、輸出品の買い付けあるいは調達（Procurement）を開始します。

　輸出者が輸出品のメーカーの場合は直接貿易と呼ばれ、商社が介在する場合を間接貿易と呼んでいますが、直接貿易であれ間接貿易であれ、売買契約に基づく輸出品の調達に当たってはそれぞれ社内の担当部門が対応します。

　メーカーが輸出者であれば、その海外貿易部門が同一社内の商品製造部門から輸出商品を調達し、商社が輸出者であれば、取引メーカーの販売部門を通じて輸出商品を調達します。

　間接貿易では、生産者など輸出商品の実質的な所有者にとって商社は貿易実務に長年の蓄積があり、海外マーケット動向についても詳細な情報をもち、また輸出者として市場開発、売買契約、船積み業務、クレーム処理などを代行してもらえるので貿易の知識や経験がさほどなくても貿易取引に乗り出すことができます。

　一方、直接貿易では輸出商品の所持者が輸出者となるので、輸入者のニーズや輸出商品のマーケット動向を直接把握することができ

るので商品開発や他社との差別化などの戦略的な対応が自社のコントロールのもとで迅速にでき、輸出業務や輸送にかかわるコストが削減できるなどのメリットがあります。

(5) 信用状決済

外国の会社との商品売買では商品の引き渡しと代金の受け取りが同時にできないので、代金後払いでは輸出者はほんとうに入金されるかどうか、代金先払いでは輸入者は商品が確実に送られてくるかどうか不安になります。とくに取引を始めたばかりでは信頼関係が築けていないためリスクが常についてまわります。そこでこのような信用リスクを回避し、貿易決済を円滑化するための手段として考案されたのが信用状による決済です。信用状（Letter of Credit: L/C）とは輸入地の銀行が輸入者の代わりに輸出者に代金を支払うことを保証する書類です。

信用状取引では輸入者＝申請者、輸出者＝受益者、輸入地の発行銀行（開設銀行）、輸出国の銀行＝通知銀行（買取銀行）と特有の呼び方がありますのでこれらを知っておく必要があります。

輸出者と輸入者がL/C決済に合意すれば右図のような流れ

で手続きがすすめられます。

輸入者（申請者）は開設銀行に輸出者宛てL/Cの発行（開設）を依頼→開設銀行は依頼された内容のL/Cを発行し輸出地の銀行（通知銀行）に送付→通知銀行はL/Cが届いたことを輸出者に通知→輸出者は船会社に商品を引き渡して船積みを依頼する。引き換えに船荷証券（B/L）を受け取る→輸出者は通知銀行へB/Lなどの船積み書類を提出し、L/C記載条件を満たしていることを証明、代金の取り立てを依頼→通知銀行は手形・船積み書類（荷為替手形）を輸入地の開設銀行に送る→輸入者は代金の支払いと引き換えに船積み

信用状取引の流れ

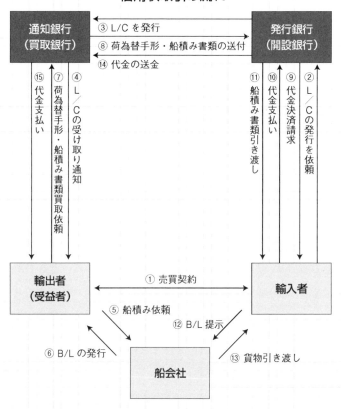

書類を受け取る→船会社に B/L を提示して商品を受け取る。一方で開設銀行は代金を輸出地の通知銀行に送金し、同銀行は輸出者に代金を支払う。

　信用状はとくに示されていないかぎり、取り消し不能信用状（Irrevocable L/C、取り消しには当事者全員の同意が必要）と見なされます。このように、信用状によって支払いを保証されている輸出者は、受益者（Beneficiary）とよばれています。

　代金決済の方法には信用状によらない決済（without L/C）があり、一般的には D/P・D/A 手形決済と呼ばれています。これは取り立て決済（支払い渡し：D/P と引き受け渡し：D/A）と送金（前払いと後払い）とに分けることができます。これらは取引当事者間に信頼関係がある場合に利用され、D/P は輸出者が輸出地の銀行に提出した荷為替手形と船積み書類が輸入地の銀行経由で輸入者に代金引換で渡され、輸出者はこの代金を輸入地と輸出地の銀行経由で回収します。D/A は代金引換ではなく、輸入者が荷為替手形の買い取りを引き受けることを条件に船積み書類が渡されます。輸出者にとって安全確実な決済方法は取り立て決済であれば支払い渡し、送金であれば前払いですが、実際に代金を支払ってくれるのかどうかは輸入者側の行為に待たなければならないという意味では、どちらも不安です。

　そこで、信用状条件に合致した書類さえ提出すれば、銀行が支払いを保証するという信用状による輸出が、輸出者にとってはもっとも安全かつ確実です。

（6）為替予約

　輸出契約価格は多くの場合外貨建て、しかも米ドル建てがほとんどです。したがって、輸出者は為替相場変動のリスクを避けるために売買契約成立時に代金決済のための為替予約をしておくのが安全です。これは外貨定期預金の満期日の為替レートを予約し、満期時の為替相場がどのように変動していても為替予約したレートで円に交換できるので満期日までの為替変動リスクを回避することができます。予約の満期日を数カ月後の任意の特定日とする先物為替予約を「確定日渡し」、満期を特定日ではなく任意の一定期間とする先物為替予約を「期間渡し」といいます。

　対ドル円高傾向の時にはとくに為替予約に留意しておく必要があります。

（7）輸出承認証について

　貿易自由化が拡大している現在、輸出承認はほとんど必要なくなっていますが、ワシントン条約（正式には「絶滅のおそれのある野生動植物の種の国際取引に関する条約」）の対象となる動物や、種の保存法（正式には「絶滅のおそれのある野生動植物の種の保存に関する法律」）で規定されている希少野生動植物、バーゼル法（正式には「有害廃棄物の国

境を越える移動及びその処分の規制に関する
バーゼル条約」）で規制されている特定有害
廃棄物など輸出貿易管理令に指定されている
ものについては、事前に経済産業大臣の輸出
承認証（Export License：E/L）の取得が必
要です。

　取得にあたっては貨物、仕向け地などに留
意しなければなりません。

（8）貿易保険

　貿易保険制度は、民間の損害保険会社がカ
バーできない危険を国が運営する保険でカ
バーしようとする制度で、輸出相手国の輸入
制限、為替取引制限、戦争・革命・内乱など
の非常危険と取引先の支払い遅延、倒産など
にかかわる信用危険などが発生した際に、保
険者（経済産業省）が保険金を支払うことに
なっています。

　輸出保険が対象とするリスクは、輸出不能
リスク（非常危険と信用危険を対象）、代金
回収不能リスク（非常危険と信用危険を対
象）、増加費用リスク（非常危険のみを対象）
に分類することができます。いずれも輸出者
が被保険者（保険金を支払ってもらう側）と
なります。輸出者は新規商談にあたっては、
輸出先国の情勢に注意を払い、リスクが予想
される場合は貿易保険を利用した方がよいで
しょう。

2.　輸出品の工場出荷
（1）輸出梱包

　輸出商品を運送・保管するに際しては、内
容物の品質、形態、数量、寸法、強度、耐水
または耐さび（防湿性）の必要性、危険性、
最終目的地までの流通条件（輸送手段、寒冷
地または高湿地などの気象条件、国内外の保
管・荷役条件）などを考慮した最適梱包が求
められます。

　輸出梱包の荷姿はケース（木箱）、クレー
ト（すかし箱）、カートン（段ボール箱）、バッ
グ（袋）、ドラム缶、バンドル（束）、パレッ
ト、バラなどに分類できます。

　輸出商品はメーカーの梱包部門あるいは
メーカーから委託を受けた梱包専門業者に
よって梱包されます。梱包作業が終わると輸
出者は梱包部門や梱包業者に梱包された輸出
貨物を搬入すべき通関場所を指示します。

（2）木製梱包材規制

　輸出梱包用の木箱やパレット、ダンネージ
などに植物病害虫が付着して輸入国の生態系
に悪影響を及ぼすことを防ぐため、国連食糧
農業機構（FAO）では2002年3月に衛生
植物検疫措置のための国際規格『国際貿易
における木製梱包材料の規制ガイドライン』
（International Standards for Phytosanitary
Measures、通称 ISPM No.15）を採択、FAO
加盟国への輸出では輸出者がこのガイドラ

インに沿った消毒方法で処理し
ていることを証明することが求
められています。針葉樹、非針
葉樹を問わずすべての種類の非
加工木製梱包材が対象ですが、
合板や配向性ストランドボード
（OSB）など接着剤が使用された
り熱圧などですでに加工されている素材は除
外されます。消毒方法はおもに熱処理やくん
蒸で、処理後は ISPM No.15 の基準を満たし
ていることを証明するスタンプを見えるとこ
ろに押印するする必要があります。

（3）輸出荷印

　輸出荷印は売買契約の当事者ではない第三
者によってもその輸出商品の内容物、仕向け
地などが判別でき、スムーズに輸
入者の手元に届くよう、輸出梱包
の分かりやすい個所にハッキリと
簡潔に表示します。

　輸入者が特定の荷印を指示する
場合は、売買契約書または荷印指
定書に明記されますが、原則的に
は上図のように、主マーク、副マー
ク、原産地マーク、仕向け地また
は仕向け港マーク、注意マークで
構成されています。必要に応じて
重量、容積、品質マークなどを付
けることもあります。

輸出荷印

副マーク	K
主マーク	OCEAN
仕向地マーク	Los Angeles
梱包番号	No.1
原産地マーク	Made in Japan

20KG ……… 重量マーク
A1 ……… 品質マーク
⇧ ……… 注意マーク

（4）船腹の確保（ブッキング）

　売買契約を履行する上で、「安全、確実、
迅速」に輸出貨物を輸送する手段を選択する
には、貨物の形状、性質などを考慮して、輸
出商品にもっとも適した船型を選ばなければ
なりません。選択する貨物船は下の図のよう
に分類できます。

　一般雑貨の場合はこれらのうちからおもに

船種の分類

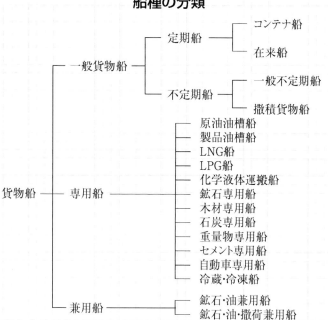

010

コンテナ船が選択されます。輸出者はコンテナ船を運航する船会社に船腹予約します。船腹予約はスペースブッキングあるいは単にブッキングとよばれます。船腹予約に際しては、船会社が発表している配船表あるいはシッピングスケジュールを参照して、売買契約上の船積み期日に間に合う船舶を選択します。

コンテナ船の場合には、輸出貨物がFCL*扱いかLCL**扱いかを考慮する必要があります。FCL扱いの場合には必要なコンテナ本数を船会社に通知します。LCL扱いおよび一般在来船の場合には容積、重量を船会社に知らせます。

* FCLとは中身が単一の荷主の貨物で占められていること。
**LCLとは複数の荷主の少量貨物を集めて（混載して）一つのコンテナに仕立てること。

いずれの場合にも、船名、航海番号、積み港、揚げ港、仕向け地、輸出品目、容積、重量、船積み代行業者（海貨業者）名などを船会社に伝え、船腹予約確認書を受け取ります。

(5) 梱包明細書の受領

メーカーあるいは納品業者は出荷準備ができしだい、輸出商品の品名、荷印、梱包数、各梱包の内容を示す梱包明細書（Packing List）を作成します。この梱包明細書は現品に添付されて、輸出時の通関および仕向け地における輸入通関でも必要になります。輸出者はこの梱包明細書の写しを参照して輸出船積み書類を作成します。

(6) 輸出通関場所への搬入

AEO通関（「認定通関業者制度」P.114参照）を除き、輸出通関は保税地域に搬入して行うことが関税法上の原則です。具体的にはメー

現品の輸出通関場所への搬入イメージ

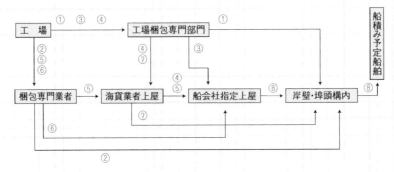

①工場構内で輸出通関許可取得し、バン詰め後岸壁・埠頭構内（例えばCY）へ搬入。
②工場から梱包専門業者へ搬入・梱包後輸出通関許可取得し、バン詰め後CYへ搬入。
③工場構内で輸出通関許可取得後、船会社指定上屋（例えばCFS、蔵置場）へ搬入。
④⑤梱包完了後海貨業者上屋で輸出通関許可取得後、船会社指定上屋（例えばCFS）へ搬入。
⑥工場から梱包専門業者へ搬入・梱包後輸出通関許可取得後、CFSへ搬入。
⑦梱包完了後、海貨業者上屋で輸出通関許可取得後、CFSへ搬入。
⑧上記①〜⑦は輸出者側の手配だが、⑧は船会社側の手配。

カーの工場構内、梱包業者の構内、海貨業者や通関業者が管理する上屋（貨物の一時保管場所）、船積み予定船会社の指定する上屋あるいは岸壁・埠頭構内など税関長が許可した場所、などがこれにあたります。

通関手続きは輸出商品の取り扱いに熟知し、通関免許（許可）を持った海貨業者や専業の通関業者に委託することが一般的です。通関場所は、そこまでの陸送運賃や輸出取り扱い諸費用が節約できる場所を選択します。

輸出通関が済んで輸出許可が下りたら、現品は船会社に引き渡されます。

(7) 貨物海上保険契約

国際海上輸送では悪天候や国際紛争の影響、座礁など様々な要因で航海中に沈没、衝突、船内火災、浸水などの発生や、ドックサイドでも荷役中の事故による貨物の損傷、盗難など様々なリスクにさらされています。このような運送途上で発生した自然災害、船内の事故、人為的ミスなどによって輸出者が被る可能性がある損害に備えて、外航貨物海上保険が利用されています。

国際商業会議所（ICC）制定によるインコタームズでは3ページの表のように11条件のうち売主（輸出者）が保険手配を負担すべき条件が示されています。これらの条件では、輸出者が保険料を支払って、保険証券を取得しなければなりません。

保険の手配にあたっては保険申込書に、被保険者（保険をかける会社）、保険の目的（品名、数量、荷印、番号）、保険金額、船名、航海番号、出港日、てん補条件、航路、保険金支払地などを正確に、しかも詳細に記入して、保険会社に提出しなければなりません。

継続的に、しかも頻繁に輸出を行う場合には、船積み明細が判明してから保険手配をしていては、それまでに危険に遭遇したり、保険の手配遅れすら起きかねないため、実務的には予定保険契約が締結されています。予定保険契約とは数量、船名、保険金額などの必要事項が未定の場合に結ぶ暫定契約で、次の2種類があります。

① 個別予定保険契約（Provisional Insurance）：船積みを予定している数量および予定保険金額などを保険会社に提示して個別的に予定申し込みを行って予定保険証券（Provisional Policy）の発行を受け、船積み確定後に確定申し込みをし、確定保険証券を取得する。

②包括予定保険契約（Open Policy）：一定期間にわたる輸出取扱貨物に関してあらかじめ品名、航路、保険条件、保険料率などを特約しておき、積み出しのつど明細を通知して確定保険証券を取得する。

保険ではすべての損害が補てんされるわけではありません。保険会社が次のような免責事由を規定していて、これらの免責事由による損害は補てんされないことになります。

・被保険者の故意による不法行為

・貨物に固有の瑕疵、性質

・不十分な梱包

・運送の遅延

・船舶の船主、管理者、運航者の倒産

・船舶の不堪航

・不適切な輸送用具やコンテナ

・自然消耗

・意図的損傷、破壊

　貨物海上保険金額は、CIF 価格または CIP 価格（いずれも商品価格＋輸入地までの運賃＋保険料）に、希望価格または逸失利益としてその 10％を加えた金額とするのがふつうです。すなわち、売買契約価格の 110％が保険金額となります。

　保険期間は、「仕出し地倉庫搬出から通常の輸送経路を経て仕向け地倉庫搬入までの期間」であり、陸揚げ後 60 日間で保険期間満了となります。ただし、保険期間の延長手続きは可能です。輸出取引条件が FOB（貨物が本船上に置かれた時点で危険負担が売り手から買い手へ移る）または CFR（同）の場合は、貨物海上保険は輸入者側で付保するので、輸出者は貨物の船積み一両日前あるいは船積み完了後、ただちに船積み明細を輸入者に通知しなければなりません。その際、輸入者の保険手配でカバーしきれない本船積み込みまでのリスクは「輸出 FOB 保険」を輸出者が締結することによってカバーすることになります。

3.　船積み指図書の作成と船積み
(1)　船積み指図書の作成

　輸出者は、輸出契約品の船積み予定船社への依頼内容のほか、通関手続きや船積み書類の作成に必要な事項を詳細に記載した船積み指図書（Shipping Instruction：S/I）を作成の上、一般的には通関業を兼業している海貨業者に交付します。そのほかに、貿易条件や輸出商品の金額などの明細を記載した商業送り状（Commercial Invoice）、梱包されている貨物の数量、重量、容積などを記載した梱包明細書（Packing List）、輸出報告書（Export Report）、輸出申告書（Export Declaration）、必要であれば輸出貨物の説明書、原産地証明書なども添付します。

(2)　輸出通関

　輸出通関手続きは通関業者が代行します。関税法で税関に申請する前に、国家試験に合格した通関士が通関書類の審査を行うことが義務付けられており、そのため、通関業者は取り扱う貨物の数量や種類、通関書類の数などに応じて必要な数の通関士を置かなければなりません。

　輸出者から委託を受けた通関業者は、輸出通関書類として輸出申告書、商業送り状、輸出報告書、輸出許可証などを税関に提出します。

　輸出通関手続きは、現在ではほとんど

が港湾関連情報処理システム（Nippon Automated Cargo Clearance System：NACCS）を通じてオンラインで行われています。

(3) 船積み

①在来船の場合

海貨業者は船積み予定船社の書式に基づき、ワンセットとなったシッピングオーダー（Shipping Order：S/O）、本船受取証（Mate's Receipt: M/R）、船荷証券（Bill of Lading：B/L）をその船社に提出して、船社から船腹予約の確認を受け、S/OとM/Rを返却してもらいます。

海貨業者は返却されたS/OとM/Rをはしけあるいはトラックに託送して、当該貨物を船積み予定船舶の船側まで運びます。

船積みが完了するとM/Rに航海士の受領サインがなされて返却されるので、そのM/Rを船社に提出してB/Lの発行を受けます。

②コンテナ船の場合

荷主から委託された海貨業者がCYまたはCFSにコンテナまたは貨物を搬入すると、それぞれの作業会社であるオペレーター担当者からドックレシート（Dock Receipt：D/R）が返却されます。このD/Rを船社に提出して、B/Lの発行を受けます。

(4) 船荷証券の取得

輸出者に代わって海貨業者が船社の発行

したB/Lを受けるのが一般的です。その際、以下のことを確認します。

・B/Lの記載事項が信用状の規定あるいは売買契約の通りであること。

・無故障船荷証券（Clean B/L）であること。Clean B/Lとは貨物の外観に異常がないと認められた場合に発行されるB/Lです。

・積出日が契約期間内であること。

M/Rに損傷の摘要（Remark）が入っている場合は無故障船荷証券（Clean B/L）は発行されないので、「輸出者は将来問題が発生した場合は責任を持つ」旨の補償状（Letter of Indemnity：L/I）を船社に差し入れてClean B/Lの発行を求めます。

(5) 船積み案内

貨物の船積みが完了次第、輸出者は輸入者に契約番号、品名、数量、金額、船名、出港日などを遅滞なく通知します。これを船積み案内（Shipping Advice）といいます。通常、荷為替の取り組みが終わったら、改めて航空便にて船積み案内を出します。これには、関係船積み書類写一式を同封し、必要ならば、船積み見本（Shipping Sample）を送付します。最近では電子的手段の発達でeメールの利用が多くなっています。

4. 輸出代金の決済

(1) 船積み書類

　船積み書類は輸出貨物の出荷から目的地での引き渡しまで安全、確実な託送のために作成される書類で、貿易代金の決済や貨物の引き取りにはその引き渡しが条件となる重要な書類です。主な書類には以下のようなものがあります。

①商業送り状（Commercial Invoice）

　輸出者から輸入者に対する請求書であるとともに、出荷案内書、商品明細書、商品価格計算書であり、さらに輸入通関の際にも必要です。契約番号、品名、数量、単価、価格、荷印、積み港、揚げ港などが記載されています。

②保険証券（Insurance Policy）

　運送中の貨物に対する危険をカバーするために付保したことを証明する書類です。

③船荷証券 (Bill of Lading) などの運送書類。

　「荷為替信用状に関する統一規則および慣例」（通称：信用状統一規則）によると、運送書類には次のような種類があります。

　・海上船荷証券（Ocean B/L）

　・流通性のない海上運送状（Sea Waybill）

　・用船契約船荷証券（Charter Party B/L）

　・複合運送証券 (Combined Transport B/L)

　・航空運送状（Air Waybill）

　・フレイトフォワーダー発行の船荷証券
　　(Forwarder's B/L)

　B/L は運送契約にもとづいて貨物を船積みし、仕向け地あるいは目的地で正当にそれを所有する者に当該貨物を引き渡すことを約した有価証券であり、その用途から次のように分類することができます。

　貨物を船積みしたことあるいは貨物を受け取ったことを単に証明する：

　・船積み船荷証券（Shipped B/L）

　・受取船荷証券（Received B/L）

　船積み時に貨物に損傷がなかった場合、あるいはあった場合に使用する：

　・無故障船荷証券（Clean B/L）

　・故障付き船荷証券（Dirty B/L または
　　Foul B/L）

特定の荷受人を明示しているか、いないか：

　・記名式船荷証券（Straight B/L）

　・指図式船荷証券（Order B/L）

④梱包明細書（Packing List）

　貨物の梱包ごとの明細を容積、重量とともに示した書類。梱包明細書により輸入者はいちいち梱包を解かなくても、内容物を判別することができます。

⑤その他の書類

　・重量容積証明書（Certificate of Weight
　　& Measurement）

　・検査証明書（Inspection Certificate）

　・原産地証明書（Certificate of Origin）

　輸入国での輸入関税の軽減のために輸入者が要求する場合に、輸出者が商工会議所で取得する書類には以下のものがあります：

・領事送り状（Consular Invoice）

・税関送り状（Customs Invoice）

　輸入国での輸入関税の軽減のために不当に売買価格が低く表示されないように、輸出者に対して要求する送り状であり、領事送り状については輸出国駐在の輸入国領事が署名します。

（2）輸出代金の決済方法

　輸出代金の決済には送金（前払い送金・後払い送金）、信用状をともなわない荷為替手形決済、信用状による決済の３種類があります。このうち手続きがもっとも簡単なのは送金→荷為替手形決済→信用状決済の順で、もっともリスクが低いのは送金（前払い）→信用状決済→荷為替手形決済→送金（後払い）の順となります。

①外国送金

　電信送金、送金小切手の２つに分けられます。電信送金は輸入者が自社の取引銀行を送金銀行として輸出者への支払いを依頼し、送金銀行が輸出者の取引銀行（支払い銀行）あてに電信で指示する方法で、支払い銀行から輸出者の口座に代金が振り込まれます。国内で使用されている銀行振込と基本的にはほぼ同じです。

　電信送金：国際取引の決済では SWIFT（Society for Worldwide Interbank Financial Telecommunication）とよばれ

る情報通信システムがおもに利用されています。世界20カ国以上の銀行が加盟しており、もっとも頻繁に利用されている送金ネットワークです。輸入者と輸出者の取引銀行の間に為替取引関係があるコルレス銀行の場合は、SWIFT からそれぞれの加盟銀行に割り当てられた銀行・支店識別用コードを利用して輸入者は自社の取引銀行（仕向け銀行）から海外の輸出者の取引銀行（支払い銀行）に電信送金を依頼し、輸入国の銀行が電信で支払い指示を輸出国の支払い銀行に送ると、支払い銀行が指示された額を輸出者に支払います。銀行同士にコルレス（Corres）関係がない場合はお互いが取引関係を持つ第三者の銀行を中継して電信送金がなされます。

　SWIFT は安全性が高く、利用されている国も多いので世界標準の送金システムとして評価されていますが、送金銀行、中継銀行、受取銀行それぞれへの手数料に加えて外国為替の手数料と手数料の数が多いのでコスト高になることが難点といえます。

　海外送金の処理では SWIFT のほかにも IBAN コード（International Bank Account Number）という統一企規格の銀

行コードがありますが、おもに欧州、中東地域で利用され、日本では採用されていません。

電信送金は後述する荷為替手形による決済に比べて格段に短い時間で決済ができる上、紛失や盗難のリスクがなくなり、郵送料、印紙代などが不要となり、銀行手数料も安いことからもっとも多く利用されています。

送金小切手：送金小切手の場合は輸入者が取引銀行から送金小切手を発行してもらい輸出者に送付し、輸出者は受け取った小切手に裏書きして自社の取引銀行（支払い銀行）に提示し、代金を受け取ります。

②輸出荷為替手形の振り出し

輸出者が輸出貨物代金を銀行経由で回収するに際して、船積み後ただちに輸入者あるいは銀行あてに荷為替手形（Documentary Bill of Exchange）を振り出します。輸入者あるいは銀行は振り出された荷為替手形を引き受けることによって代金を支払います。

荷為替手形が信用状に基づいて振り出される際には、信用状発行銀行または発行銀行の指定した銀行が支払い人となります。

この荷為替手形には前述した船積み書類が添付されて銀行に持ち込まれます。

持ち込まれた銀行は信用状の内容、荷為替手形の記載内容および船積み書類の内容などを厳重にチェックした上で、すでに予約してある為替換算率または直物相場に換算して、輸出者に代金を支払います。この銀行が代金を支払うことを「荷為替手形の買い取り（Bank Negotiation）」、略してバンクネゴまたは単にネゴと呼んでいます。

（紙の小切手や手形は、商取引で重要な役割を果たしてきましたが、デジタル化の進展で企業活動のデジタルトランスフォーメーション（DX）による生産性向上や効率化へ取り組みが進みつつある中、政府による閣議決定で手形・小切手の利用は2026年度末で廃止となります）

③信用状決済

P. 6を参照

5.　輸出業務と消費税

消費税は国内で販売される商品・製品、サービスの提供、輸入貨物に対して課される国税ですが、輸出取引や国際輸送など輸出に類似する取引では一定の条件のもとで免税となっています。

（1）輸出免税の範囲

事業者が国内で次のような取引をする場合は消費税が免除されます。

輸出者	荷為替手形 →	輸出国銀行	取立依頼 →	輸入国銀行	荷為替手形 →	輸入者
	← 代金		← 代金		← 代金	

a. 国内からの輸出として行われる資産の譲渡または貸し付け（一般的な輸出取引）。

b. 外国貨物の譲渡または貸し付け。

c. 国内と国外との間の旅客や貨物の輸送（国際輸送）。

d. 船舶運航事業者などに対する外航船舶などの譲渡または貸し付け。

e. 外国貨物の荷役、運送、保管、検数、鑑定、その他これらに類する外国貨物にかかわる役務の提供（指定保税地域、保税蔵置場、保税展示場および総合保税地域における、輸出しようとする貨物および輸入の許可を受けた貨物にかかわるこれらの役務の提供を含む）。

(2) 外国貨物などに対する役務の提供

上記ｂ、ｅにあるように、外国貨物に対する荷役、運送などの提供は輸出免税となりますが、具体的には次のようになります。

イ. 免税の対象となるのは、港湾運送関連事業者が行う外国貨物にかかわるもの、および倉庫業者が行う外国貨物の保管その他外国貨物に対するサービスの提供。

ロ. ｅにある「その他これらに類する外国貨物にかかわる役務の提供」とは、たとえば、外国貨物にかかわる検量、または港湾運送関連事業にかかわる業務、または輸入貨物にかかわる通関手続き、または青果物にかかわるくん蒸などのサービスのことです。

ハ. 輸出免税の対象となる書類作成代行は通関手続きに限られ、運送状の作成代行や通関手続き以外の届け出代行などは対象にはなりません。

ニ. 外国貨物に対するサービスの提供が免税の対象ですが、保税地域では内国貨物も存在し、サービスの提供が外国貨物に対するものなのか内国貨物に対するものなのかを区分することが困難なため、保税地域でのサービスのうち、輸出しようとする貨物に対するサービスの提供は免税の対象となります。

ただし、輸出入通関が行われた保税地域と同一の保税地域で行われるサービスの提供に限られ、たとえばある保税地域で輸入通関した貨物を他の保税地域で保管するような場合、この保管は輸出免税の対象にはなりません。

(3) 具体的取り扱い

輸出業務にかかわる消費税の具体的取り扱いは次ページの表のとおりです。

017

輸出貨物取り扱いにかかわる消費税

作業の内容	国際取引		国内取引	備考
	外国貨物に対するサービス提供	内国貨物（輸出しようとする貨物）に対するサービスの提供（保税地域内）	内国貨物に対するサービス提供（保税地域外）	
輸出貨物船積み料金	免税	免税	―	CY、CFSへの直接搬入もこれに準ずる。
入出庫料	免税	免税	課税	原則として輸出貨物船積み料金に含まれている。
仕分け・はい替え・看貫料	免税	免税	課税	同上
上屋保管料	免税	免税	課税	
船積み横もち料	免税	免税	課税	
コンテナハンドリングチャージ（CHC）	免税	免税	―	
CFSサービスチャージ	免税	免税	―	
コンテナドレー料	免税	免税	課税	
バンニングチャージ	免税	免税	課税	
トラック運送料	免税	免税	課税	輸出許可後の貨物（輸出しようとする保税地域内の貨物も含む）は免税。保税地域外の集荷運送は課税。
保管料	免税	免税	課税	保税地域内は免税、保税地域外での保管は課税。
梱包料	免税	免税	課税	保税地域内は免税（外国貨物および輸出許可前の内国貨物を含む）。地域外での梱包料金は課税。
くん蒸料	免税	免税	課税	立替金は不課税. ただし、取り扱い料金を含んで請求する場合は課税
検査・検品料	免税	免税	課税	輸出許可後の貨物（輸出しようとする保税地域内の貨物も含む）は免税。
検査等立会料	免税	免税	課税	立替金は不課税。ただし、取り扱い料金を含んで請求する場合は課税
外注労務費	免税	免税	課税	荷役、保管、運送、件数、鑑定、その他これらに類するサービス提供に限る。
通関業務料金	免税	免税	課税	「通関業務の料金表」に記載されている料金のみ。
税関検査作業料	免税	免税	―	
メジャーリスト料	免税	免税	―	
領事査証等申請料	免税	免税	―	
危険品申請料	免税	免税	―	輸出許可後の貨物（輸出しようとする保税地域内の貨物も含む）は免税。
危険品収納検査料	免税	免税	課税	輸出許可後の貨物（輸出しようとする保税地域内の貨物も含む）は免税。保税地域外は課税。立替金の場合は不課税。
国際一貫輸送料金	免税	免税	免税	出発地から到着地までの全体が免税（国際輸送の一環であれば国内輸送でも免税）。
書類作成料	課税	課税	課税	通関手続き以外の（「通関業務の料金表」に記載されていない）書類作成代行は課税（したがってインボイスやパッキングリストは課税対象）。
保険料	―	―	―	非課税。

海上貨物保険

保険契約

1．保険契約とは

　保険契約とは、海上輸送に付随して生じる危険によって貨物などが損害を受けた場合に、保険を引き受けた保険者（保険会社）がその損害をてん補することを約束し、付保者（保険契約者）が保険料を対価として支払う義務を負うことをいいます。

　これは、契約者が保険を申し込み、保険会社がその引き受けを承諾すれば、その時点で成立する諸成契約であり、保険申込書（Application for Marine Insurance）に必要事項を記入して保険会社に提出します。インターネット申し込みの場合は、土日祝祭日を含め、24時間いつでも保険書類をその場で印刷発行できます。

2．予定保険 (Provisional Insurance)

　保険契約を結ぶ時点では輸送貨物の数量や本船名などが確定していない場合がありますが、このように保険証券記載事項の一部が未確定のまま保険契約を成立させる保険を予定保険契約といいます。とくにFOBの貿易取引では貨物保険を付保する輸入者にとって輸出者から船積みに関する情報を入手するまでは貨物の詳細がわからず、船積み後に情報が届くことが多いので、予定保険契約を結ぶことによって無保険状態になることを避けることができます。

(1) 個別予定保険

　個別予定保険契約は売買契約が成立している貨物の個別的な船積みを対象にしている保険契約です。

(2) 包括予定保険

　特定航路で一定期間継続的に船積みする場合に、船積みされる貨物のすべてを包括的に契約する保険です。長期にわたって継続して大量に積み出される輸出個品貨物については、あらかじめ包括予定保険契約を締結しておき、個々の船積みのつど確定申し込みをするのが合理的で便利です。

　これには、包括予定保険証券（Open Policy＝O/P）と包括予定保険特約書（Open Contract＝O/C）の2通りの契約書式があります。わが国の場合、特約条項はO/P、O/Cともほとんど同じで、通常はO/Cの形式をとっており、包括予定保険契約をO/P契約といっています。

〈包括予定保険契約（O/P契約）のポイント〉

①　被保険者は自己の名義または勘定で行う積み出し貨物のすべてにつき、もれなく確定申し込みをする。

②　保険会社は、あらかじめ協定した保険価額、保険条件、保険料率に従い、すべての確定申し込みにつき損害てん補の責任を負うことを約束する。

③　包括契約が結ばれていれば被保険者の確

定申し込み手続きに、遅延・脱漏があっても、それが故意または重過失によらないことが立証されれば、保険会社はすべての損害てん補の責任を負う。被保険者は、申し込み漏れになっていた貨物が無事到着した場合でも、その貨物につき確定通知をして保険料を支払わなければならない。

④　契約当事者の一方は、相手方に対し、30 日ないし 60 日前の書面予告をもって解約できる。保険料率、保険条件などの契約内容の変更にも、通常 30 日前の書面予告をもって行う。

⑤　保険会社は貨物の船積みに関する被保険者の帳簿の閲覧権を留保する。

3. 保険申し込み手続き

　急を要する場合には、保険会社または代理店の営業担当者に電話で申し込み、後日、確認のため申込書を送付します。申込書には、申し込み年月日を記入し、申込人は署名（または記名捺印)をします。申込書の代わりに、インボイスのコピーを使用することもあります。特定の大口契約者には、既定の事項をあらかじめ印刷してある専用の申込書を使用することもあります。

　保険申し込みは、通常、船積みの約 1 週間前に行います。保険会社は、申込書の内容を点検し、引き受け年月日（申込書受付日）のデートスタンプと担当者および責任者の認

印を捺印して保険証券作成部署へ回付します。

　証券作成部署は、申込書の内容にしたがって保険証券（Insurance Policy ＝ I/P）または保険承認状（Certificate of Insurance）を作成して被保険者に交付します。なお、数カ月にわたって分割積み出しされる貨物全体につき、ひとまず予定保険契約を締結し、船名・貨物明細などが決まりしだい、確定申告を行うこともあります。この契約では、予定保険証券（Provisional Policy）が発行される場合と、承認状に相当するカバーノート（Cover Note）が発行される場合があります。

　保険証券が発行されたのちに契約内容の一部に変更が生じた場合には、以下の手続きが必要です。

①　被保険者は遅滞なく訂正を保険会社に通知し、程度に応じて割増保険料を支払う。

②　保険会社は、原則として発行済みの保険証券の全通を回収したうえで訂正する。

③　すでに保険証券が第三者の手に渡っていて回収困難な場合には、追約書（Endorsement または Rider）によって訂正する。

④　保険金額の減額訂正や保険条件の縮小などは後日クレーム発生の際にトラブルのもとになりかねないので、保険証券を全通回収のうえ再発行するのが原則。

4. 提率書（Marine Quotation）

新規の保険申し込みについては、保険会社は、貨物の明細（品名、数量・重量、荷姿など）、インボイス価額、航海・輸送区間、船名・出港予定日などを被保険者から聞き出して、必要にして十分な保険条件と合理的な保険料率を提示します。この条件・料率の提示を「提率（quote）」といいます。つまり貨物保険の見積書です。

通常、提率は所定のフォーム（提率書：Marine Quotation）で作成されますが、急を要する場合は先に口頭で提率し、後日提率書で確認します。提率書には保険会社の責任者が署名または記名捺印します。

提率書中の海上危険引き受け料率（Marine Rate）は契約内容に著しい変更のない限りとくに変化はありませんが、War Rate は戦争・ストライキなどの危険に対する料率なので、提率日限り有効（at current）です。War Rate は、ロンドン市場（War Risks Rating Committee）で発表される戦争保険料率表に従うので、情勢の変化によって料率表が変更されれば、ただちにこれにフォローしなければなりません。なお、通常の場合、海上危険と一緒に戦争・ストライキ危険も併せて付保します。

売買条件と保険手配

1. CIF 輸出

輸出者（Shipper、売り主）は、輸入者（Consignee、買い主）のために売買契約で定められた仕向け地までの全輸送区間について保険を手配します。そのためには保険会社を選定してみずからの勘定で保険料を支払って保険契約を締結し、取得した保険証券を他の船積み書類と一緒に輸入者に提供します。また、みずから手配した本船に貨物を積み込んで輸入者あてに船積み通知を送付します。

保険条件は、輸入者との売買契約や信用状の保険条項に従います。保険金額も同様で、とくにそのような取り決めのない場合には、インボイス面の CIF 価額の 10% 増で付保するか、または、既存の慣習に従います。

輸出者から輸入者への危険の移転時は貨物が本船上に置かれた時ですが、1 枚の保険証券で輸出者のリスクと輸入者のリスクとが担保されます。このため、保険証券は白地裏書（Blank Endorsement）によって輸出者から輸入者へ譲渡されます。

保険担保期間は、証券裏面のロンドン保険協会（Institute of London Underwriters）制定の協会貨物約款（Institute Cargo Clauses ＝ ICC）の運送条項によって、1963 年版と 1982 年版では貨物が仕出し地の倉庫を搬出された時から仕向け地の最終輸入者倉庫に搬入される時まで、2009 年版では船積み地の

倉庫・保管場所で輸送手段に積み込む目的で最初に動かした時から、仕向け地の倉庫・保管場所で輸送手段からの荷下ろしが完了した時までとなっているため、輸出者と輸入者との両者のリスクは、すべて担保されることになります。

2. FOB 輸出

　輸入者が自己の費用と危険で手配した輸出本船に輸出者が貨物を積み込みますが、それ以後はすべて輸入者の負担となります。

3. 輸出 FOB 保険

　FOB 輸出の場合、輸出本船積み込みまでのリスクは輸出者の負担なので、国内の工場・倉庫または港頭地区の上屋搬出から本船積み込みまでの輸送中および保管中の危険は輸出FOB 保険を付保してリスクをカバーします。輸出 FOB 保険には、貨物の輸送実態に応じて、スポット契約方式と長期契約方式があります。

(1) スポット契約

　スポット輸出貨物を対象とする担保期間（15 日）の短い引き受け方式で、輸送ごとに個別に申し込みます。

(2) 長期契約

　O/P を締結する担保期間（タイムリミット 1 年間）の比較的長い引き受け方式で、1

カ月分の輸送額を翌月に一括して通知し、その分の保険料を支払います。

　上記のいずれも、保険担保期間は貨物が仕出し地の倉庫や物流施設を搬出された時から輸出本船の船上に置かれる時、またはメーツレシートが発行される時までとなっています。

　なお、タイムリミットとしての担保期間の延長や保険担保責任の開始時点の繰り上げなどは、割増保険料の支払いを前提にそのつど取り決めることも可能です。

　保険条件には、オールリスク担保（All Risks：A/R）と特定危険担保があります。

　輸出者が輸出港までの保険を手配するという点では FOB 契約と同じ効果をもつ契約に CFR（旧 C & F）契約があります。CFR は CIF と同類ですが、CIF が国内地点から輸出港までの国内輸送と海上輸送のリスクを付保するのに対して CFR は船積み以後の保険が輸入者によって手配されるという点で FOB

インコタームズでの保険契約者	
EXW	輸入者
FCA	輸入者
CPT	輸入者
CIP	輸出者
DAP	輸出者
DPU	輸出者
DDP	輸出者
FAS	輸入者
FOB	輸入者
CFR	輸入者
CIF	輸出者

と同じですから、船積みまでの保険は輸出者が付保する必要があります。

　保険金額はインボイス価格の110％が一般的なようです。

　なお、FOB、CFR の両契約とも、輸入者の保険手配がスムーズにいくよう、輸出者は船積みの事実を遅滞なく輸入者に通知する必要があります。

4. Certificate of Declaration（C/D）の発行

　Certificate of Declaration とは、FOB または CFR 建て輸出貨物について L/C（信用状）などの要求によって発行される一種の船積み通知書で、通常 "デクラ" と称しています。

　輸出業者は、L/C の指示に従って輸入国側で貨物保険を引き受ける保険会社の委嘱を受けた国内の保険会社に申し込んでデクラを発行してもらい、船積み書類の一部としてこれを使用します。

　デクラ発行会社は、O/P のリストと照合して O/P による引き受けの事実を確認するので、荷為替手形買取銀行は、貨物の保険カバーについて不安なく買い取りできます。

　輸入国側の保険会社にとっては、デクラ発行会社から発行の通知を受けることにより、付保漏れ防止のメリットがあります。

保険手配の注意事項

1. コンテナ貨物の取り扱い

(1) シッパーズパック（Shipper's Pack）

　輸出者は、貨物を積み付ける前にコンテナの完全性と貨物との適合性を十分点検します。とくにコンテナへの積み付けが不完全、不適切な場合には、不完全な個品包装が当該貨物の固有の欠陥とみなされるのと同様、積み付けの不完全さによる損害については保険会社は免責となるので注意が必要です。

　シッパー所有のコンテナについては、コンテナ自体の保険のほか、第三者に対する損害賠償責任保険を手配することも必要となります。

(2) 甲板積みコンテナ貨物

　在来船輸送では、貨物海上保険は貨物が船倉内積みとなることを前提に引き受けているので、甲板（オンデッキ）積みとなれば、保険の付保は FPA、JWOB（分損不担保、投荷、波ざらい担保）の条件に挟められます。あらかじめ甲板積みが判明している場合には、保険申し込み時にその旨を保険会社に告知しなければなりません。

　コンテナ船については、コンテナ輸送の特性を生かして、甲板積みを自由に行える裁量が船主に与えられており、B/L 裏面約款には、甲板積みに関する自由裁量権条項（Optional Stowage Clause）が明示されています。こ

のため輸出者は甲板積みになるのか否か船社から通知を受けることができず、保険申し込み時の告知義務を果たせません。これに対応するため、保険会社は、コンテナ貨物がコンテナ船に積まれる場合には、保険条件を船倉内積み、甲板上積みとも同一にすることとし、保険証券面の貨物明細記入欄に、"under deck and/or on deck" の文書を記載してその意思を明確にしています。

　在来型船などでコンテナ貨物が輸送される場合でも、当該 B/L に甲板積みに関する自由裁量権条項があって、輸出者が船倉内積みと同一の広いてん補範囲の保険条件で甲板積みコンテナ貨物を付保したい旨申し出れば、コンテナ船と同様に取り扱われることになっています。

2．仕向け地の状況と保険手配

　CIF 条件の場合、輸出者は輸入者のために仕向け地までの保険を手配しなければならないため、仕向け地の港湾の船混み、倉庫施設と港頭滞貨の有無、通関の能率、内陸輸送の所要日数、自然条件、政治・社会・労働・経済事情など諸々の状況を把握しておく必要があります。たとえば、最終仕向け地が陸揚げ港からかなり遠い場所にあって、しかも内陸輸送事情があまり良くない場合には、協会貨物約款（ICC、後述）の輸送条項で担保している本船荷下ろし後 60 日間担保の期間をあらかじめ延長特約しておく必要があります。

　FOB 条件の場合でも、たとえば仕向け国の国際収支の悪化や政治情勢の変化などで、輸出された貨物が仕向け港に到着しても、その国の政令によって輸入禁止品目の対象となったり、売買契約が一方的に破棄されたりすると、その時点で輸出者は船積み時点にさかのぼってリスクを負担するばかりでなく、復航中のリスクも負うことになります。このような事態に備えて、あらかじめ未必利益保険（Contingency Insurance）を手配しておけば、事態発生に伴い自動的に輸出者のリスクが担保されます。これは CFR 条件の場合も同様です。

　また、仕向け国によっては自国保険主義の保険政策をとっていて、わが国の保険会社への付保が不可能な場合もあるので、保険会社との十分な打ち合わせが必要です。

3．信用状統一規則と保険手配

　定期船輸送の輸出貨物は完成品が多いため、保険条件はオールリスク担保条件が一般的です。しかし、信用状の保険条項に協会貨物約款（ICC）のオールリスク担保条件を指定しながら、盗難不着や破曲損などの付加危険を追加指定してくることがあります。信用状の指定文言と船積み書類を構成する保険証券の記載文言とを完全に一致させなければならない原則から、やむを得ず矛盾した保険条件を証券に表示することもありますが、時間が許す限り信用状の指定条項を訂正すべきで

しょう。

　以下は信用状統一規則について、保険契約の面で留意すべき点です。

・保険証券の保険金額表示通貨は、信用状と同一の表示通貨とする。

・付保を要する最低保険金額は、当該貨物の CIF 価額とする。

・保険担保の責任は、倉庫間担保条項を採用している協会貨物約款（ICC）の運送条項によって、仕出し地の倉庫搬出時（2009 年版では輸送用具に積み込むために初めて動かされた時点）から担保され、さらに、遡及担保条項によって保険証券発行日以前にさかのぼって担保されている。これらの点が明確に立証されないと保険証券の発行日付は、貨物の積み出し日または発行日（複合運送の場合には最初の運送人の管理下におかれた日）を過ぎた日付であってはならない。実務上は、一般の輸出貨物については船積み日の 1 週間程度前に保険申し込みが行われるため、保険証券の発行日付が輸出本船出港日（積み出し日）以後になることはほとんどない。仮にそのような事態が生じたときは、前記の協会貨物約款による担保の裏付けがあっても、トラブル回避のために便宜上船積み日まで保険証券発行日付をバックデートしている。

クレームと保険条件
1.　クレーム手続き

　貨物が輸出本船に積み込まれる以前の段階で事故にあい、損害を被った場合には、本船積み込み前の損害（before loading claims）として、輸出者はただちに保険会社に損害通知しなければなりません。そして保険会社指定のサーベイヤーからサーベイレポートを取り付け、所定の保険金請求書と一緒に保険会社に提出して保険金の支払いを請求（クレーム）します。

　輸出本船に積み込まれたのちに発生した損害については、CIF 条件の場合にはリスクは輸入者に移っているので、輸入者に保険金請求権があり、輸出者にはありません。FOB 条件の場合にも輸出者に保険金請求権はありませんが、輸出 FOB 保険の保険者の担保責任期間の終期が、たとえば単に本船積み込み時までではなく、メーツレシート発行までとなっている場合には、輸出者側に保険金請求が留保されることもあり得ます。

　なお、輸出者は貨物が本船に船積みされてしまえば一切関係がなくなるとはいえ、たとえば積み出し港停泊中に船火事が発生したような場合、輸出者は輸入者に通知したり、必要に応じて保険会社とも連絡をとって、遠隔地にいる輸入者に対して情報サービスの便宜を提供することもあり得ます。

保険でカバーされる損害

1. 保険条件

　貨物海上保険は国際貨物輸送におけるリスクをカバーすることを目的としているので、保険証券はどの国でも流通するように英文となっており、その約款はロンドン保険業者協会によって制定された協会貨物約款（Institute Cargo Clauses：ICC）が世界的に適用されています。1963 年にオールリスク（All Risks: A/R）、分損担保（With Average: WA）、分損不担保（Free from Particular Average: FPA）の 3 種類の約款が作成され、その後 1982 年と 2009 年に改訂されましたがいずれも 3 種類の保険条件が設定されています。1982 年版と 2009 年版の基本条件は（A）（旧約款の A/R に相当）、（B）（同 WA に相当）、（C）（同 FPA に相当）の 3 条件で、2009 年版は 1982 年約款と比べて、保険の開始、終了時期、船社の免責、航海の変更などが被保険者に有利になるように改訂されています。

　協会約款にはそのほかに特約として戦争危険やストライキ権担保の約款もあります。

　日本の保険会社の多くは 2009 年版を適用していますが、必要に応じて 1963 年版、1982 年版も引き受けています。

(1) 1963年I. C. C.（All Risks、W.A.、F.P.A.）
A／R、W.A.、F.P.A.のてん補の範囲

<table>
<tr><td rowspan="2">保険条件のてん補の範囲の区分</td><td colspan="3">保険条件の種類</td><td>損害の種類</td><td>てん補の範囲の内容</td><td>海損の種類</td></tr>
<tr><td rowspan="6">A／R（オールリスク担保）</td><td rowspan="4">W A（分損担保）</td><td rowspan="3">F P A（分損不担保）</td><td>共同海損</td><td>・共同海損犠牲損害・共同海損費用
・共同海損分担額（共同海損の犠牲損害と費用損害について被保険者が分担する金額）</td><td>共同海損</td></tr>
<tr><td>全損</td><td>・現実全損
・推定全損</td><td rowspan="2">単独</td></tr>
<tr><td>特定分損</td><td>・沈没・座礁・大火災（S, S, B）の発生
・衝突、爆発、火災および遭難港での荷卸しに合理的に起因する損害
・積み込み・荷卸し・積み替え中の梱包1個ごとの全損</td></tr>
<tr><td rowspan="3">小損害免責の適用が、ある場合とない場合とがある</td><td>費用損害</td><td>・損害防止費用、その他の特別費用（遭難港などでの荷卸し、保管、積み替え、継搬などの費用）
・救助料、付帯費用</td><td>海</td></tr>
<tr><td>その他の分損</td><td>・特定分損以外の分損（潮ぬれ、高潮・津波・洪水によるぬれ損、流失損、その他荒天による分損）</td><td rowspan="2">損</td></tr>
<tr><td>（貨物の性質、固有の欠陥、運送の遅延などは免責）</td><td>各種の付加危険</td><td>・各種付加危険を一括担保（注）
・小損害免責歩合の適用はない</td></tr>
</table>

（注）主な付加危険とこれに対応する典型的な貨物を列挙すると次のようになる。

① 破損、まがり、へこみ（breakage, bending, denting）

　精密機械、ガラス製品、陶磁器、アスベスト・シート、ガイシ

② 擦損、かき傷（chafing, scratching）

　乗用車

③ 漏損、蒸発（leakage, evaporation）

　ドラム入り油類・液体化学品類

④ 汚損、混合、油じみ（contamination, oil, greaso）

　粒状・紛状・液状、貨物、紙パルプ類

⑤ 雨淡水ぬれ、海水（潮）ぬれ（rain, fresh water &／or sea water damage）

　砂糖、塩、化学肥料、鉄鋼製品、青果物、海産物

⑥ 汗ぬれ、むれ（sweat, heating）

　穀物類、原皮

⑦ 虫くい、ねずみ食い（rats, vermin）

　穀物類、食品類

⑧ 自然発火・爆発（spontaneous combustion, fire, explosion）

　引火性の高い危険品、石炭、魚粉、ダライ粉

⑨ 漏損、不足損害（leakage, shortage）

　鉄屑、非鉄金属屑、種子、豆類、粉状・粒状・液状貨物

⑩ 盗難、抜荷、不着（theft, pilferage, non-delivery）

　宝石、貴金属、腕時計、高級衣料、食・飲料品

なお、上記列挙の付加危険のほかに次のような危険もある。

　かぎ損（hook damage）、釘損（nail damage）、他貨物との接触による損害（damage caused by contact with other cargo）、強酸による腐しょく損害（acid damage）、さび損（rust damage）、かび（mould and mildew）

(2) 1982年I. C. C.（A、B、C）

危険のおもな具体例	基本条件		
	ICC (A)	ICC (B)	ICC (C)
火災または爆発	○	○	○
船舶・はしけの座礁・乗揚・沈没・転覆	○	○	○
陸上運送用具の転覆・脱線	○	○	○
船舶・はしけ・運送用具の他物との衝突・接触	○	○	○
遭難港における貨物の荷下ろし	○	○	○
地震・噴火・雷	○	○	×
共同海損・救助料（免責事項に関連するものを除く）	○	○	○
投荷	○	○	○
波ざらい	○	○	×
海・湖・河川の水の船舶・はしけ・船倉・輸送用具・コンテナ・保管場所への浸入	○	○	×
船舶、はしけへの積み込み、荷下ろし中の落下による梱包1個ごとの全損	○	○	×

免責事項（戦争・ストライキ以外）	基本条件		
	ICC (A)	ICC (B)	ICC (C)
被保険者の故意の違法行為	×	×	×
通常の漏損、重量・容積の通常の減少、自然消耗	×	×	×
梱包・準備の不十分（危険開始前、または被保険者によるコンテナ・リフトバンへの貨物の積み込みを含む）	×	×	×
保険の目的の固有の瑕疵・性質	×	×	×
船舶・はしけの不堪航、船舶、はしけ、輸送用具、コンテナ、リフトバンの不適合（被保険者が関与している場合）	×	×	×
遅延（被保険危険に因る場合を含む）	×	×	×
船主、管理者、用船者、運航者の支払い不能、経済上の窮乏	×	×	×
一切の人または人々の悪意ある行為による全体または一部の意図的損傷、破壊	○	×	×
原子核分裂もしくは原子核融合、または他の同種の反応または放射能もしくは放射性物資を利用した兵器の敵対的使用によって生じた滅失、損傷または費用	×	×	×

○は担保
×は不担保（特約で支払い対象となる場合もある）

(3) 2009年 I.C.C. (A, B, C)

危険のおもな具体例	基本条件		
	ICC (A)	ICC (B)	ICC (C)
火災または爆発	○	○	○
船舶・はしけの座礁・乗り揚げ・沈没・転覆	○	○	○
陸上輸送用具の転覆・脱線	○	○	○
船舶・はしけ・輸送用具の他物との衝突・接触	○	○	○
避難港での貨物の荷下ろし	○	○	○
地震・噴火・雷	○	○	×
共同海損・救助料	○	○	○
投荷	○	○	○
波ざらい	○	○	×(注1)
海・湖・河川の水の船舶・はしけ・船倉・輸送用具・コンテナ・保管場所への浸入	○	○	×(注1)
船舶、はしけへの積み込み・荷下ろし中の落下による梱包1個ごとの全損	○	○	×(注2)
雨・雪などによる濡れ	○	×	×
破損・まがり・へこみ、擦損・かぎ損	○	×	×
盗難・抜荷・不着	○	×	×
海賊行為	○	×	×

(戦争危険、ストライキ危険はそれぞれ協会戦争約款、協会ストライキ約款で担保される)
(注1)：特約により保険の目的物が全損になった場合に支払われる。
(注2)：特約による支払い。

免責となるおもな具体例（戦争・ストライキ以外）	基本条件		
	ICC (A)	ICC (B)	ICC (C)
被保険者の故意の違法行為	×	×	×
貨物の通常の漏損、重量・容積の通常の減少または自然消耗	×	×	×
荷造り・梱包の不完全・コンテナ内への積付不良	×	×	×
貨物固有の瑕疵または性質	×	×	×
船舶・はしけの不堪航、コンテナまたは輸送用具が安全輸送に不適合（被保険者がこれを知っている場合のみ）	×	×	×
航海、運送の遅延	×	×	×
船主、管理者、用船者、運航者の支払い不能または金銭債務不履行（ただし、そのような財政破綻が航海の通常の遂行を妨げることになり得ることを被保険者が当然知っている場合に限る）	×	×	×
原子力・放射能汚染危険	×	×	×
化学・生物・生物化学・電磁気などの兵器がもたらす危険	×	×	×
通常の輸送過程ではない保管中のテロ危険	×	×	×

○は担保
×は不担保（特約で支払い対象となる場合もある）

029

(4) 輸出FOB保険の保険条件

(a) 条件別比較表

保険条件 事故の種類	オールリスク 担保	特別免責担保
火災・爆発	◯	◯
輸送用具の沈没・座礁・座州・衝突・ 脱線・転覆・墜落	◯	◯
潮ぬれ	◯	◯
汚損	◯	△
雨雪などによるのぬれ	◯	△
汗ぬれ	◯	△
破損・まがり・へこみ	◯	△
盗難・紛失・不着	◯	△
虫食い・ねずみ食い	◯	△
かき傷・すり傷	◯	△

◯：保険が支払われる損害。

△：特約のある場合のみ支払う。

(b) 免責事由

　　　1. 地震・噴火・津波

　　　2. 戦争・ストライキ

　　　3. 検疫・官の処分

　　　4. 原子核反応・原子核の崩壊

　　　5. 被保険者の故意・重過失

　　　6. 自然の消耗・固有の欠陥・性質

　　　7. 荷造の不完全

　　　8. 運送の遅延

船積み手続き

一般的な船積み手続きの概要

　輸出貨物船積み業務はシッピングあるいはフォワーディングと呼ばれ、外航船舶に対する貨物受け渡しの接点となる港湾での作業が中心となっています。この業務は輸出貨物船積み作業のための船社書類の作成および、その手続きなどの関連業務、あるいは通関業務なども含み、おもに海運貨物取扱業者（海貨業者）によって処理されています。

1. 輸出貨物の流れ

　輸出商品は荷主の工場あるいは梱包場などで、輸出梱包規格に適したパッキングがほどこされ、輸出貨物としてトラック・鉄道・内航船などの輸送手段によって港頭地区の保税地域（上屋・倉庫*）に搬送されます。貨物は上屋搬入の際に正常な状態で受け渡しされているか、貨物送り状と対比視認の上搬入手続きを済ませて本船積みまでの間、一時保管・蔵置されます。

> ＊ 一般的に輸出入貨物の積み替えや通関のための一時通過貨物として蔵置する場所を上屋、輸出入貨物を長期保管する場所を倉庫とよんでいる。

　貨物搬入後はそれぞれの貨物を本船別・仕向け港別・さらに荷受人別に整理・統合するため、上屋内で仕分け・はい替え**作業や、運賃計算のための資料として容積・重量を計る検量業務が行われます。

> ＊＊ 積み重ねられた荷物を崩して別の場所に移動し、そこで積み直すこと。

　並行して通関手続きが始まり、必要な場合は検査場へ持ち込み、そこで検査機関の検品が行われます。

　通関が済み、輸出許可が与えられた貨物は輸出手続きを経て出庫されます。港湾における出庫作業は沿岸荷役なので、沿岸荷役業者によって、在来貨物は荷捌きした上で本船の船側まで、あるいははしけ積みして本船船側まで運ばれます。コンテナ貨物の場合、1社の荷主の貨物で満たされたコンテナ（FCLコンテナ）は、コンテナ詰め作業の終了後コンテナヤード（CY）に搬入され、小口コンテナ貨物はコンテナフレートステーション（CFS）に持ち込まれ、他の荷主の貨物と一緒にコンテナ詰めされてFCLに仕立てられてCYに搬入されます。

　CYに搬入されたコンテナ貨物は、船社の業務委託を受けたターミナルオペレーターによってFCL貨物として本船に積み込まれます。

　港湾における輸出貨物の本船までの引き渡しには検数業者が立ち会うことによって正確な貨物受け渡しが行われています。

　輸出通関手続きを済ませて本船への船積みが完了すると、海貨業者が作成した該当貨物の船荷証券（B/L）が運賃と引き換えに船社から発行されます。次ページの図はこのような貨物の大まかな流れを時系列で並べた

031

ものです。製造工場や物流施設からの輸出貨物の出荷から本船への引き渡し、書類の作成までの業務は本来は荷主が行う業務ですが、複雑で専門的な知識を必要とするので一般港湾運送事業者（元請）や海貨業者に委託するのが一般的です。一般港湾運送事業者は船会社や荷主の委託により港頭地区で輸出入貨物の受け渡しおびそれに付随する荷役作業を行い、海貨業者（正式には海運貨物取扱業者）は荷主の代行として、輸出では荷主から貨物を引き取って船会社に引き渡すまで、具体的には貨物の引き取り、梱包、仕分け、保管、コンテナ詰め、検数・検量の立ち会い、通関手続き、横持ち、貨物の引き渡し、およびこれらの作業に付随する書類の作成などのサービスを提供します。

2. 船積み関係書類

　輸出書類は大別して、売買契約、商品発注、関係機関の許認可・証明・検査、輸出貨物の出荷、保険契約、公認機関の検量、通関、船積み、決済などの関係書類によって構成されています。

　これらの書類作成と手続きは輸

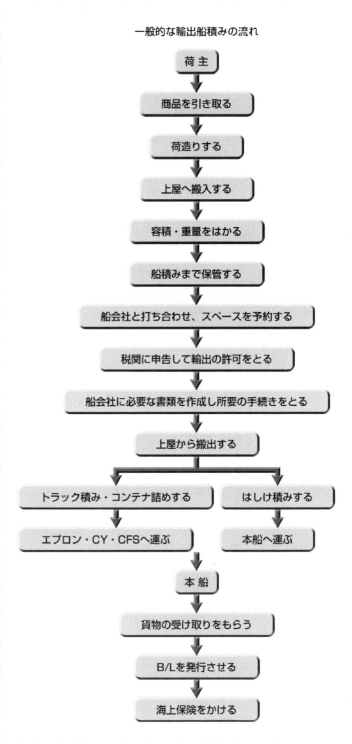

出者（シッパー）、海貨業者、通関業者（通常、海貨業者が兼業）などによって行われます。港湾運送としての船積み受け渡し行為に関係する手続きにともなう書類の作成、送達、収受などのドキュメンテーションは、船積み業務の重要な要素となっています。

輸出書類は、作成時に輸出代金の決済に必要な買い取り用（ネゴ）書類と、通関・船積みのための船積み書類（Shipping Documents）に大別されます。

もっとも重要な船積み書類は、輸送貨物の財産権を表している商業送り状（Commercial Invoice）、船荷証券（B/L）、保険証券（Insurance Policy）の３つです。業務別のおもな船積み関係書類は次のようなものです。

①出荷・搬入関係

梱包明細書（Packing List：P/L）・配送通知・出荷指図・貨物送状・貨物受領書・入庫報告書・搬入届など。

②検数・検量・搬出・船積み関係

検量証明書（Certificate and List of Measurement and Weight: CLM）・検量スリップ・船積み依頼書（Shipping Instruction: S/I）・商業送り状（Commercial Invoice）・梱包明細書・出庫報告書・搬出届・検数票（Tally Sheet）・B/L・船積み案内（Shipping Advice：S/A）・船積み指図書（Shipping Order: S/O）・本船受取証（Mate's Receipt: M/R）・ドックレシート

（Dock Receipt: D/R）など。

③通関関係

商業送り状・搬出報告書・輸出申告書（Export Declaration: E/D）・梱包明細書・許認可・検査などの行政上の他法令書類など。

そのほかに、二国間または多国間自由貿易協定（Free Trade Agreement: FTA）のもとでは関税が軽減あるいは免除されるので、その適用を受けるために商工会議所で原産地証明の発給を受けることも必要です。

3. 船積み事務処理

海運貨物取り扱いの主要業務は、貨物の積載本船への受け渡し行為である港湾運送事業（フィジカル・ハンドリング）と、輸出貨物の船積み作業に不可欠な事務処理（ソフト・ハンドリング）との二つの機能を持っています。事務処理は、輸出貨物の出荷・搬入・検量・通関・搬出・船積みまで、貨物の流れに並行して進められます。

4. 海貨・通関業務の流れ

輸出者より船積み関係書類を受理した海貨業者は、出荷明細・搬入月日などを確認します。そして、船積み明細にもとづき海貨自身のシッピングインストラクション（海貨 Shipping Instruction：S/I）を作成します。船積み関係書類は、現業・船積み・通関など

の海貨社内の各担当部門別に配布されます。海貨業者は荷受けした貨物を確認したのち、搬入手続き、仕分け、保管、在庫管理をし、並行して船積み予定の本船の動静を把握し、船積みの準備を進めます。

　検定機関による貨物容積・重量の検量の後、船社船積み書類であるシッピングオーダー（S/O）、ドックレシート（D/R）、船荷証券（B/L）などが海貨業者によって作成され、船会社に対する船積み手続きが進められ、同時に運賃が算出・決定されます。積載本船の動静と搬入貨物の確認が行われた後、通関手続きが進められ、輸出許可が下りると搬出手続きを済ませてはしけ、トラック、トレーラーなどによる本船の受け渡しへと進んでいきます。

　船積み作業が完了すると、クリーンB/Lを取得、手仕舞い書類を整理してひとまとめにし、輸出者へ書類一式を引き渡すことにより海貨業務は完結します。

在来貨物の基本ルート

1. 船積みパターン

　個品運送（定期船輸送）貨物のほとんどがコンテナ化された現在、在来船の利用はプロジェクトカーゴ類

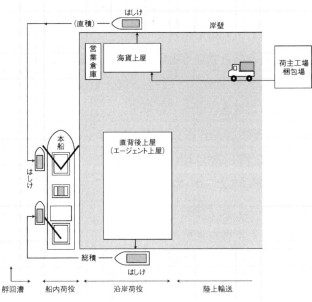

在来船船積みルート略図-A

あるいは特定のバルク貨物に限られています。大口貨物の場合は直積み（自家積みともいう）といい荷主が本船船側まで貨物を運び、小口貨物は総積みといわれ荷主が船会社指定

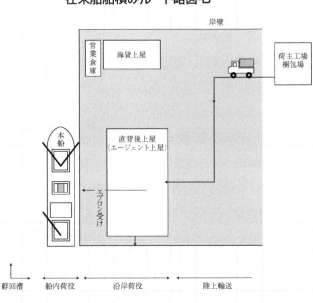

在来船船積みルート略図-B

在来船船積みルート略図-C

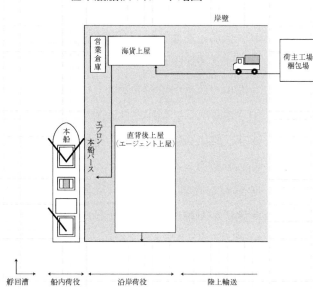

の上屋まで運び、船会社の船積み代理店（エージェント）に引き渡します。在来船貨物の本船への引き渡し港湾運送ルートには基本的に次の4通りがあります。

在来船船積みルート略図-D

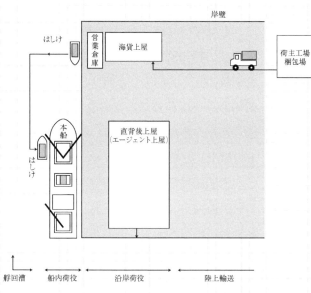

A：海貨業者の上屋で貨物を受け取り、はしけを利用して本船まで運送し、積み込むルート。在来船時代の典型的な港湾運送パターンで、荷役・上屋搬入・検数・検量・保管・上屋搬出・はしけ積み・はしけ運送を経て、本船船側へ着け、本船へ受け渡しされる方式です。

B：着岸している本船のすぐ背後にある上屋まで荷主の責任で貨物を持ち込んでエージェントに引き渡し、エージェントが直接本船へ積み込むルート。エージェントとは船会社の委託を受けて輸出では船積み、輸入では本船からの陸揚げ作業を行う代理店で、一般港湾運送事業者（元請け）です。この船積み方式は、Aルートに比べ合理化されているため料金も低額で、プラント類など大量貨物に利用されています。

C：海貨業者の手倉（上屋）に貨物を搬入、一時保管の上、本船入港に合わせ、本船エプロンに陸上から搬入しクレーンで船積みする方法。このルートはゴーダウン方式ともいわれ、本船着岸エプロンでエージェントへ引き渡されて船積みされます。

D：港湾水際線に立地する営業倉庫から貨物をはしけ積みし、本船船側まではしけ運送して受け渡しするルート。港湾における営業倉庫には

さまざまな貨物が保管されていますが、この水際に立地する倉庫から貨物を取り出して海貨業者がはしけで受け取り、本船まではしけ運送し受け渡しする方法で、かつては多量の船積みがありましたが、コンテナ化が常態化した現在では利用されることがなくなりました。

2. 在来貨物の書類の流れ

荷主の輸出手続き代行者である海貨業者は輸出許可が下りると船会社から船積み指図書（S/O）と署名欄が空欄の本船受取書（Mate's Receipt：M/R）を受け取ります。海貨業者はS/OとM/Rに必要事項を記入し輸出許可書（E/P）も添えて船会社に渡し、輸出貨物を船側あるいは指定上屋まで搬送します。在来船輸送が一般的だった当時、取引条件がインコタームズのCFR、CIF、FOBの場合、本船の手すりが輸出者と輸入者のリスクの移転の分岐点となっていたため、船積みには荷主、運送人双方の検数人が立ち会い、貨物に傷や異常がないか確認しています。船積みは船会社の委託を受けたエージェントが作業を行います。貨物の状態に問題がなければ本船側の検数人が本船の一等航海士にS/OとM/Rを渡し、一等航海士はM/Rに署名して検数人に返却します。

検数人は署名済みのM/Rに輸出許可書を添えて税関に提示して船積みの確認を受けたのち、この2つの書類を海貨業者に引き渡します。海貨業者はこのうちM/Rを船会社に提出して船積みが無事完了したことを知らせ、さらに必要な運賃・諸チャージを支払ってB/Lを受け取り、このB/Lと輸出許可書を船積み代行の依頼を受けている輸出業者に引き渡してこの輸出案件に関する業務を終えます。輸出者は仕向け地の輸入者に輸出品の品名や数量、本船名、出港日、B/L番号などを記載した船積み案内（Shipping Advice）を発送して輸出業務が完了したことを知らせます。

3. 在来船船積みの手仕舞い

在来船船積み貨物では、荷送り人からスペースブッキングの申し込みを受けた船社が本船に対して船積みを指図するS/O（Shipping Order）と輸出許可書（E/P）など船積み書類をもとに本船で受け渡しが行われます。船積みの確認は、海貨業者が荷送り人に代わってS/Oに記載した貨物の記述内容ならびに輸出許可書（E/P）記載内容と現物を検数の立ち会いのもと照合し、貨物の個数・荷印あるいは荷姿の異常の有無などを点検、S/Oと組み合わせになっているメーツレシート（M/R）と検数結果のタリーシートを対照し、本船側検数人の受け取り署名にもとづいて一等航海士（チーフメイト）などの本船署名権者に船積み確認の署名を取り付けて終了します。

ちなみに、このM/Rは荷送り人の船積み

依頼書（Shipping Application：S/A）と、S/Oとワンライティングで処理できるようセットした書式となっています。

　船積み貨物が外観上良好な状態（Apparently Good Order and Condition）で船積みが完了した場合、船社はこのM/Rの提示によってB/Lを荷主に発行します。なお、M/Rの摘要（Remarks）欄にExceptionsが示された場合、リマークはそのままB/L面に転記され、故障付き船荷証券（Foul B/L）として発行されるので、荷為替取り組みの付属運送書類として要求される無故障船荷証券（Clean B/L）の取得には、船社に対する荷送り人の保証状の差し入れなどの措置が必要となります。

　複雑な荷役と多様な船積み準備過程を経て本船へ積み込まれる在来輸送方式では、コンテナの取り扱いとは異なり、本船積み込み時に事故摘要あるいは詮議摘要がM/Rに記述されるケースが多いので、貨物引き渡しの際に起こる紛争を避けるため、その判定の証拠として船積み確認のM/Rが用いられます。

　また、荷送り人と船社との海上運送契約の受け渡し接点は、在来タイプでは船積み貨物が積み込みのため本船の吊り具（Sling）に掛けられた貨物が船側（本船の手すり）を通過した時を基準としていますが、実際には積み込みに際しドックサイ

ド（荷送り人側）とシップサイド（船社側）の双方の検数人の間で、積み込み荷役の検数結果に合意し、シップサイドの検数人がタリーシートにReceivedのサインをしたとき、船積みが終わったとされ、この受け渡し後、貨物は海上運送に引き継がれます。

自動車の輸出業務

　自動車の国際海上輸送では自動車専用船、コンテナ船、在来船、多目的船などさまざまな船型で輸送することが可能ですが、新車（完成車）の輸出は一度に大量に輸送できる自動車専用船（Pure Car Carrier: PCC）や自動車・トラック専用船（Pure Car and Truck Carrier: PCTC）が一般的です。この場合、自動車メーカーがPCC/PCTCオペレーター（自動車専用船運航船社）と直接輸送契約を結び、それぞれのメーカーの関連企業が輸出業務を完結しているため、ここでは中古車をRo/Ro船、PCC/PCTCで輸出する場合の必要書類や通関の一般的な流れを説明します。

PCTCによる完成車輸送（Courtesy of Hoegh Autoliners）

PCC によるブレークバルク貨物輸送
(Courtesy of Wallenius Wilhelmsen Ocean)

038

コンテナ詰めして中古車をコンテナ輸送する場合は搬入ヤードが異なりますが、輸出業務の流れは同じです。

　中古車の輸出者（Shipper）は船積み貨物の明細書であるインボイス（送り状）とパッキングリストを作成します。インボイスは輸出者から輸入者宛に発行する売買契約の履行を示すもので、コマーシャルインボイスを指します。このインボイスにはメーカー名と車種、車体番号（シャシー番号、フレーム番号ともいう）、排気量などを記載します。車体番号は車台部分に打刻（車検証や廃車証明の記載と同じ）されている10ケタくらいのユニーク番号です。なお、日本メーカーの海外向け輸出車輌はISO準拠の車輌識別番号（Vehicle Identification Number（VIN、通常17ケタ。シリアルナンバーともいう）が打刻されています。

　輸出者は書類作成後にCyber Shipping Guideなど海運専門サイトの船舶スケジュー

ルデータを検索して船社に船積み手配（Booking）します。さらに国交省運輸支局で輸出抹消仮登録証明書（輸出予定届出証明書）の交付を申請します。一方、国交省は輸出抹消仮登録証明書の交付を受けた自動車について、税関に事実確認を照会し、輸出抹消登録（輸出の記録）します。

　輸出者は輸出抹消仮登録証明書の交付をうけた車輌を保税ヤードに搬入、税関に輸出申告し、輸出許可を受けます。税関から輸出許可書を受けたのち、当該の輸出許可書とB/Lを荷受人（Consignee）である輸入者に送付します。

　上記は一般的な例ですが、仕向け国によっては中古車の輸入が認められていない場合があり、また、右ハンドル車、安全基準、排ガスなどに関連して様々な輸入規制のもとで証明書の添付や防疫上の検査などが要求されたり、要求する官庁が環境保護関連あるいは運輸関連の部局などに分かれるケースも多く、注意が必要です。

コンテナ貨物の船積み手続き

1. コンテナ船積み貨物の種類

　コンテナ貨物は、船会社の取り扱い区分からFCL貨物（Full Container Load Cargo）

とLCL貨物（Less-Than Container Load Cargo）があり、これらの名称は運賃タリフなどに用いられています。また、貨物が船会社に引き渡される受け渡し施設によってCY貨物（FCL貨物のこと）とCFS貨物（LCL貨物のこと）と呼ばれることもあります。さらにコンテナ容器に貨物を詰め込む（Vanning、Stuffing）当事者の区別から船会社がコンテナ詰めした場合をキャリアーズパック（Carrier's Pack）、荷主側がコンテナ詰めした場合をシッパーズパック（Shipper's Pack）という分けかたもあります。

シッパーズパックのなかには、港頭地区にある海貨業者の上屋でコンテナ詰めされるフォワーダーズパック（Forwarder's Pack）、あるいは混載業者（Consolidator）の混載施設（Consolidation Depot）にてコンテナ詰めされるコンソリデーターズパック（Consolidator's Pack）も含まれます。

(1) FCL貨物

これは航路によって単にCL（Container Load）貨物とも呼ばれています。荷主側の作業によってコンテナ詰めされ船社に引き渡される貨物で、多くの場合、海貨業者の手倉（上屋）あるいは工場においてバンニングされ、コンテナヤード（CY）を船社との受け渡し場所としています。したがってCY貨物ともいわれることがあります。

FCL貨物の大部分はシッパーズパックの形態です。これはメーカーの生産工場の梱包・荷さばき施設、あるいは荷主の倉庫、または海貨の手倉（上屋）などで、荷主の費用負担で、実際の作業は荷主が委託した海貨業者の手でバンニングが行われ、CYへ横持ち（Dray）されて船会社に引き渡されます。

海上コンテナ貨物区分名称

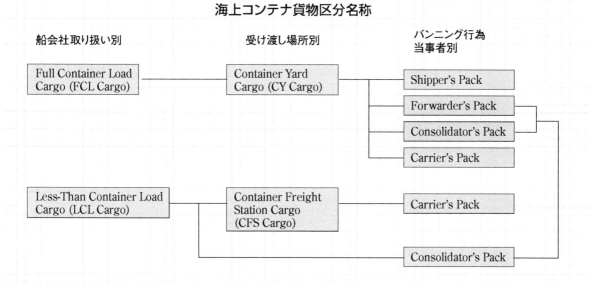

FCL の中にコンソリデーターズパックも
ありますが、これは混載業者（多くは海貨業
者）が仕出し地の荷主から個別に集荷した混
載貨物を、混載業者の責任と荷主の費用負担
でバンニングし、CY で船会社に引き渡すケー
スです。

　また、コンテナ内の貨物のセキュアリング
（固定）に特別な作業がともなうなど特殊な
貨物で、荷主側でバンニングができない場合、
船会社の Container Freight Station（CFS）
へ当該特殊貨物を搬入し、船会社が委託した
CFS オペレーターにより、荷主の費用負担
と船会社の責任でバンニングされて CY 貨物
となるキャリアーズパックの変形した船積み
形態がとられる場合もあります。

(2) LCL 貨物

　Less-Than Container Load（LCL）貨物は
コンテナ容器（20 フィート型、40 フィート
型、45 フィート型など）を満たすに足りな
い小口貨物の総称です。

　多くは港頭地区の船会社が指定した CFS
で船会社の責任のもとバンニングされます。
このバンニングは船会社が港運業者（ターミ
ナルオペレーターあるいは従来のステベエー
ジェント）、または船会社から港運事業を受
託できる新海貨などが船会社からの委託行為
として行っています。

　コンテナに詰め込まれる小口貨物は通常の
梱包貨物（ルース貨物）として荷主側のトラッ

クで CFS に直搬入されるか、港湾の上屋（海
貨手倉）で一時保管されて取り扱い海貨業者
の船積み準備手続きを経て CFS 搬入される
かのいずれかで、CFS で船社の委託業者に
よってコンテナ単位に仕立てられて CY に移
送されます。

　CFS 貨物は搬入（荷受け）から CY でター
ミナルオペレーター（船会社）に引き渡され
るまでの費用は、船会社の海上運賃の別途料
金として CFS サービスチャージなどの名称
で、定額料金が荷主に課せられます。

　LCL 貨物の一部はコンソリデーターのデポ
で、コンソリデーター（その多くはフレイト
フォワーダー）の責任でバンニングされ、デ
ポから CY に搬入されて、船会社に FCL と
して引き渡しされます。コンソリデーターに
よる LCL のデポ荷受けから CY での貨物引
き渡しまでの費用は取扱業者から荷主に請求
されます。

　このバンニングは異なる荷主それぞれの小
口貨物をコンソリデーション（混載）して
FCL コンテナに仕立てることであり、グルー
ページ（Groupage）またはコロード（Co-
Load)ともいわれます。また、混載にはバイヤー
が主導するバイヤーズコンソリ、フォワー
ダー主導のフォワーダーズコンソリなど種々
の仕組みが見られます。

2.　コンテナ貨物のターミナル搬入

　輸出コンテナ貨物の流通パターンは次の 4

つのパターンに分類できます。

（1）荷主の工場あるいは内陸荷捌き施設（デポあるいは梱包場）からトラックによって運送された貨物を港頭地区の海貨上屋（保税蔵置場）で荷受け・搬入し、船積み手続き（通関、船積みドキュメンテーション、検量）を経て船社所有のコンテナに貨物を詰め込み（Stuffing、Vanning）、トレーラーでターミナルに移送（Dray）し、CY に搬入、本船（船社）へ貨物を引き渡すパターン。

（2）荷主の工場あるいは内陸施設において船社所有のコンテナに輸出貨物を詰め込み（工場バンニング）、そのコンテナをトレーラーでターミナルまで陸送して直接 CY に搬入するパターン。このパターンでは以前はコンテナの保税地域搬入後の輸出申告が原則でしたが、法令改正で搬入前申告が可能となり、工場でのバンニング後輸出申告し、CY に搬入されるまでに輸出許可が下りていれば CY 搬入登録をすればすぐに本船積みできるようになりました。

（3）荷主施設から出荷された LCL 貨物を海貨上屋で荷受け、一時蔵置し、海貨・通関業者が通関手続きを済ませたのち船社 CFS に搬入、ここで CFS 受託港運業者（CFS オペレーター）が他の荷主の LCL 貨物と

輸出コンテナ貨物船積み標準パターン

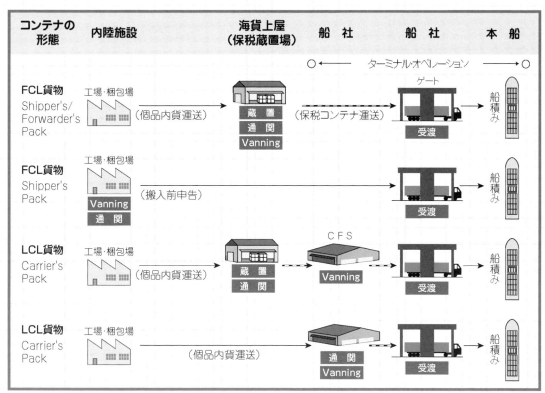

一緒にコンテナ単位に仕立ててCYに搬入するパターン。

(4) 荷主の工場あるいは内陸施設から出荷された貨物を荷主委託の陸送業者が直接船社のCFSに引き渡して一時蔵置し、海貨・通関業者が通関手続きを済ませたのちCFSオペレーターがコンテナ詰めし、CYに搬入するパターン。

(1) の流通パターンは、その船積み手順からさらに次の3つのタイプに分けられます。

(i) 不特定の商社・直貿メーカーなどの荷主から、港頭地区の海貨業者の手倉（保税上屋）にFCLに相当する量の船積み貨物が搬入され、荷主のシッピングインストラクション（S/I）にしたがって当該手倉の蔵置場所において輸出通関手続きをし、バンニングの後FCLとしてシッパーズパックのコンテナをCYに搬入し船積みするタイプ。

(ii) 特定の直貿メーカー・商社などの貨物を内陸の施設と同様のディストリビューション機能を備えた港頭の海貨手倉において貨物を内貨として大量に蔵置、一括して保管し、輸出契約にもとづいて荷主S/Iに示された受注分輸出物品を選別、荷受人・仕向け地あるいは荷口（コンサインメント）ごとの仕分け、これらに伴うマーキングなどの作業をほどこし、輸出通関後にバンニング作業を行い、CY

に搬入し本船に積載するタイプ。

(iii) 不特定多数の荷主から、港頭地区の海貨手倉に搬入された小口（LCL）貨物を荷主のS/Iにしたがって、荷口別に通関・手続きを行い、荷受人あるいは仕向け地別にそれぞれの荷口をコンテナ単位にまとめ、海貨施設で実入りコンテナに仕立てたものをFCL貨物としてCYに搬入し、船積みを行う。

これら3つの相似しているタイプは、それぞれ若干異なる船積み処理業務の管理構成となりますが、船社とシッパーとの海上コンテナ運送契約ではすべてシッパーズパックとして取り扱われています。

3. バンニングの主体と責任体系

海上コンテナ輸送のB/L約款はCY/CY、CY/CFS、CFS/CYなどの輸送サービスについての船会社の責任に関する事項のほかに、荷主によって詰められたコンテナ、あるいは船会社のコンテナなどコンテナの利用についての規定を設けています。

コンテナ海上輸送あるいはコンテナによる国際複合輸送の特徴は、FCLやLCLに見られるように、運送人によるコンテナ詰めと荷主によるコンテナ詰めの2通りの仕組みがあることです。

シッパーズパックのコンテナ貨物、すなわちFCLの場合、コンテナB/Lの約款に次のような規定があります。

運送人（船会社）によって受け取られた貨物が、荷主によってもしくは荷主のために中品の詰められたコンテナである場合、

(1) 船会社の発行する運送証券はその表面記載の数のコンテナを受け取ったことのみの一応の証拠であり、中品の状態および明細（通常 B/L 面に Particulars Furnished by Shipper of Goods として記号と番号、梱包種類と個品の数、物品の種類の記述、重量と容積などが示される）は、船会社にとって不知であり、それらについての責任は何ら負うべきでないことを規定し、さらに運送物品に関する明細（LCL 貨物の個品数を除いて）について荷主による記述の正確性の保証を求めるため、船会社は荷主によって与えられた運送物品その他の明細の正確さには関知しない旨の不知約款（Unknown Clause）を定めている。

(2) 荷主は、コンテナの中品の積み付けおよびその閉扉、封印が適切であること、かつコンテナおよびその中品が約款の条項にしたがって取り扱いおよび運送に適することを担保（保証）するものとして、シッパーズパックの荷主の責任を明示している。

(3) 荷主は、コンテナが船会社により提供されたときは、それを検査しなければならず、かつ当該コンテナは、荷主が船会社に対し書面をもって反対の通知を行わない限り、約款にもとづいて契約された運送のために良好にして適した状態にあるものとして荷主によって認められたとみなし、使用コンテナの状態からくる貨物の損傷から船会社を免責することを規定している。

(4) コンテナが、封印に異状なく船会社によって引き渡されたときは、約款にもとづく船会社の義務の履行が果たされたとみなされ、船会社はコンテナの中品の滅失・損傷について責任を負わないとしている。荷主がみずから積み付けたコンテナに正しくシールし、コンテナ貨物を船会社に引き渡し、中品の状態・積み付けの正常と安全性を立証する場合、いわゆる Concealed Damage（外観に異常はないが、コンテナを荷ほどきした時点で発見される破損などの損害）については、貨物が運送人の所有・管理下にある期間での責任は、便宜上、海上区間での事故とみなされ、ヘーグルールにもとづく国際海上物品運送法にしたがい処理されるケースがある。

荷主バンニングの場合はこれらの約款に示されている事項が確実に適用されるために船会社の運送証券の表面の Particulars Furnished by Shipper 欄に "Shipper's Pack (Load), Count & Seal" および "Said to Contain" の文言を記入することが必要とされています。

4. 船会社のコンテナ

船会社は LCL 貨物について、コンテナに小口貨物を詰め込むみずから（実際の作業は

043

CFS オペレーター)の権利を明確にするため、運送物品が受け取り時にまだコンテナに詰め込まれていない場合には、使用するコンテナのサイズ・種類・自社所有かあるいはリースコンテナかを自由に選択し、そのコンテナにLCL を詰めて運送することを規定しています。

シッパーズパックのコンテナは、通常船会社が供給するコンテナを使用します。コンテナの状態の検査は積載貨物の保全と船舶の運航の安全のために、荷主側の責任において実施されますが、これらに先行して船会社が荷主に貸し出すコンテナと関連機器の受け渡し(Equipment Interchange)が行われ、機器受渡証(Equipment Receipt)により船会社のコンテナの状態が確認されます。

シッパーズパックでは次のような約款の規定によってコンテナ機器についての責任体系が示されていますから、船社コンテナを使用する際には留意する必要があります。

「(1) 荷主は、自己、その代理人、または自己により、もしくは自己のために雇われた内陸運送人(Inland Carrier)の占有または管理中に発生した船会社のコンテナ、およびその他の機器の滅失・損傷に対し、全面的に責任を負い、船会社に補償しなければならない」

「(2) 船会社は、荷主、その代理人、または荷主により、もしくは荷主のために雇われた内陸運送人による取り扱い、占有または管理中に、船会社のコンテナもしくは中品によって惹起せしめられた第三者の財物の滅失・損傷または第三者の傷害に対し、いかなる場合も責任を負わず、またこれらについて荷主は船会社に補償し、損害なからしめるものとする」

5. 船積みの一般的プロセス
(FCL 貨物海貨千倉受けの例)

(1) 船積み依頼とスペース予約

貿易取引契約の売約条件にもとづいて商社・メーカーなどの荷主は輸出物品の梱包・荷印など、貨物の輸出船積み仕様を取り決め、また仕向け地までの運送ルート・手段を選定し、船社(運送人)を指定します。

並行して売契約が CIF/CFR(C&F)の場合は契約上の積期・納期、出荷・荷揃日、あるいは信用状(L/C)の到着予定などにマッチした適船を選択し、船腹を船社に予約(Space Booking)し、またコンテナ機器の借り入れを申し込みます。FOB の場合は、買い主のインストラクションにしたがい、ほぼ同様の手順で手続きを進めます。さらに荷主は、船積み・通関書類を作成し、また必要な諸制度の規制にもとづく許認可の手続きなど一連の輸出ドキュメンテーションを必要に応じて並行実施します。

船社は、荷主のブッキングにもとづいて船積み・荷揚げ港ごとのスペース/コンテナ割り当て(Slot Allotment)によってスペース

の引き当て確認し、荷主にブッキング確認を通知するとともに、ブッキング情報を集約したブッキングリスト（Booking List）を作成します。このリストには船積みに関連するデータが記載され、船社のターミナルオペレーターに該当リストが配布され、CY におけるコンテナ貨物の受け取り、あるいはコンテナ機器引き渡しの指図書としても利用されます。

荷主のブッキングとコンテナ借り入れ手続きに要するデータには、予定船名・積み出し港・仕向け港・積載予定日・品名・マーク・個数・容重量などが含まれます。

一方で荷主は輸出貨物の船積み関連業務を委託する海貨業者と船積みに関する必要事項について打ち合わせます。また、当該輸出貨物に適した搬入場所・搬入予定日時を荷主／海貨業者の間で決定したうえで、荷主はシッピングインストラクション（S/I）を海貨業者に送付して船積みを依頼します。

船積み・通関手続きを受託した海貨業者は、荷主から S/I とともに船積み・通関関係書類のフルセットを受けとり、関係書類を点検、関連データを調整し S/I 面に必要事項を追加記入します。S/I に関係書類を添えて通関・現業・業務・営業・検量・検数などの関連部門・機関に配布し、輸出貨物の受け入れ準備と、船積み事務処理作業の手順または荷役管理についての指示・依頼を徹底します。

(2) 貨物の搬入

委託した海貨業者の港湾施設・荷受け場所と受け入れ予定日時が決められしだい、荷主は委託陸送業者に対して出荷を指図します。

陸送業者は、輸出貨物に貨物送り状を付けて貨物を出荷・発送しますが、この場合、パッキングリストなどの必要書類を、貨物とともに国内流通業者・梱包業者などの関係者が託送して海貨業者へ引き渡すケースもあります。

貨物の指定施設への搬入に際して、荷主側のトラック運転手から海貨業者の倉番へ貨物が引き渡されますが、この時搬入場所で海貨業者の現業担当者が、持ち込み現品と貨物送り状などを照合し、船積み予定貨物の入庫を確認します。

搬入時の受け渡し行為に検数・検量業者が海貨業者の委託によって確認のために立ち会うケースがあります。

貨物は手倉（保税蔵置場・荷さばき上屋）の戸前でトラックから下ろされ、庫内に搬入され、いったんはい付け（積み重ね）されます。これらは港運沿岸／倉庫荷役での倉入れ作業と呼ばれています。

海貨業者は貨物搬入時の異常の有無を確認後、陸送業者に対し入庫貨物の受領書、または荷主に対し入庫報告書などを送付します。

港頭地区の海貨施設には私設上屋、または海貨業者の手倉として使用が認められている公共上屋などがあり、これらのほとんどは許

倉庫への搬入

可された法定の保税蔵置場です。

〈搬入〉　海貨の施設に搬入され、蔵置される貨物が関税法上の「輸出しようとする貨物」である場合は、保税地域／保税蔵置場において税関に対し事前に搬入届が出されます。ただし、この届け出手続きは保税蔵置場の貨物管理者による搬入事実の法定自主記帳によって処理されるケースが一般的です。なお、保税搬入後の貨物はすべて税関の規制のもとにおかれます。

公共施設に搬入する場合は、港湾局／管理組合など地方自治体機関の施設管理者に対しても所定の搬入手続きがとられます。

(3) 通　関

シッピングインストラクション（S/I）および船積み・通関に必要な関係書類がそろい、船積み貨物の該当貨物の搬入が確認されると、S/I・商業送り状（C/Inv）・パッキングリスト（P/L）などにもとづいて、通関業者（多くの港運・海貨業者がこれを兼業してい

る）によって税関への輸出申告書（E/D）が作成され、他の必要書類を添付し NACCS を通じて当該蔵置貨物を所轄する税関にオンラインで送信されます。

この税関申告手続きは書類審査または必要な検査などの手続きを経て許可になると、申告書が輸出許可書（E/P）となって返信されます。

(4) 船積み準備作業

輸出通関手続きに並行し輸出貨物蔵置場所では船積み貨物の陸揚げ港・仕向け地・荷受人または貨物の種別などの仕分け作業が進められます。また、海貨業者あるいは検数・検定業者によって計画されるコンテナ積み付けプラン（Vanning Plan）にマッチした庫内はい付け荷役が行われ、搬出・コンテナ詰めの準備がととのえられます。

〈空コンテナの借用〉　船社は荷主から空コンテナの借り入れの申し込みがあると Booking List と照合し、必要な種類と本数のコンテナを荷主に貸し出します。通常、空コンテナは船社のターミナル（CY に隣接するバンプール）に保管されています。貸し出し時にはコンテナ機器引渡指図書（Equipment Dispatch Order：EDO）が船社からターミナルオペレーター宛に発行されます。

この手続きは荷主の委託をうけた海貨業者によって処置されます。海貨業者は本船積載・CY受けの日時に合わせて、ブッキング船社にコンテナの借り入れを申し込み、予約がとれたらそのブッキングナンバーをもとに空コンテナを引き取り、一方で空コンテナの回送をコンテナ陸送業者に依頼します。回送指示を受けた陸送業者は船社が発行したEDOを借り入れ時に空コンテナ管理者（ターミナルオペレーター）へ提出します。このEDOには貨物のバンニングの場所・詰め込み後のコンテナ搬入CYが指定されています。

陸送業者はバンプールでターミナルオペレーターから空のコンテナバンと機器受渡証（搬出）（Equipment Interchange Receipt Out：EIR-Out）、それに船社の所定のコンテナシールを受け取ります。

EIRにはコンテナの詳細および状態などが明記されています。コンテナバンが業者に引き渡される際、船社（実際にはターミナルオペレーター）/荷主（実際には海貨・陸送業者）間でコンテナバンの適否を点検後、相互に署名し、引き渡しの確認をします。

(5) 搬出・バンニング

倉庫内蔵置貨物は諸作業・事務処理を済ませた後、コンテナに貨物を詰めるバンニング作業に入ります。バンニングはS/Iなどの船積み書類と検量結果などにもとづいて作られたバンニングプランにそって作業が進められます。貨物の荷姿や性状からセキュアリング（区画固定、Cargo Securing）が、必要な場合には固定作業（Shoring/Lashing）が施されます。

搬出・コンテナ詰め込み作業には、海貨業者が委託した検数/検量業者が受け渡し/積み付け証明のために立ち会うケースが多く、バンニング終了後用意された船社のシールがこれらの立会人あるいは海貨業者によって施封され、同時にバンニングの手続きおよびシール番号などを記載したバンニングリポート/タリーシートなどがこれらの作業の検証から作成されます。

船積み関係書類はそれぞれの貿易取引条件にもとづいて、運送書類（Transport Documents）または保険書類（Insurance Documents）、その他商業送り状（C/Inv）などの決済に必要な書類と、船積み作業または通関手続きに必要な書類、および船社との貨物受け渡しに要するドックレシート（D/R）などの船会社書類に分類され、荷主・海貨・船社・ターミナルオペレーターなどにより作成されます。C/Invなどに見られるように多目的に利用されるもの、あるいはコンテナB/Lの基本帳票としてセットで作成・使用されるD/Rなどさまざまな書類があります。

海貨業者は輸出貨物をコンテナに詰め込む際、当該貨物のバンニングリポート・C/Inv・パッキングリスト（P/L）などを参照して、コンテナ貨物搬入票・D/R・コンテナ

内積付表（Container Load Plan：CLP）などの船社書類を作成します。

(6) コンテナの発送とCY搬入

海貨業者は、積載予定本船の出港に合わせて設定されたCYの荷受け締切日時（CY Cut Time）に間に合うよう実入りコンテナを移送（Dray）します。海貨業者は貨物の上屋搬出・コンテナ詰め・発送の時に輸出許可書（E/P）その他船社書類と現物を対査し、搬出の手続きの保税搬出記帳を行います。

CYへの回送にはコンテナ貨物搬入票がドライバーに託送され、E/P・CLP・D/Rは海貨業者によって適時にCYターミナルオペレーターに提出されます。

CYゲート

(7) 船社へのコンテナ引き渡し

荷送り人（実際の作業は海貨業者）の手によって貨物が詰め込まれたFCLコンテナは、CYゲートでターミナルオペレーターに引き渡され、受け渡した時点から船社の当該貨物にかかわる運送責任がスタートします。

在来海上輸送手段では、本船の手すりが荷主/船社の受け渡し接点でしたが、コンテナ輸送においては、ターミナルのゲート（Gate）が接点となり、搬入時点で荷主から船社への受け渡しが完了したことになります。

CYゲートに提出されたコンテナ貨物搬入票をもとに、ターミナルオペレーターは当該コンテナの番号・シール番号・ダメージの点検・検査と、トラックスケール（Truck Scale・台貫/重量計量器）によって重量を測定し、異常がなければCYへの搬入が認められてコンテナ貨物搬入票（Gate-in Slip）が作成されます。また同時に機器受渡証（搬入・EIR In）がターミナルオペレーターとドライバーによって署名され、実入りコンテナのCY搬入手続きが終了します。

実入りコンテナはCYでターミナルオペレーターの指定する場所に移送され、シャシーから取り下ろされ、一時蔵置・集積されます。

なお、シャシー方式によるターミナル荷役では、トレーラーヘッドとシャシーを分離し、シャシーにコンテナをのせたままの状態（Container on Chassis）で蔵置されます。

E/P・CLP・D/Rあるいは必要に応じ作

成・届け出られた...　　　　　　　　...方式（Chassis System）、トランス

の船積み・船社書類...　　　　　　...式（Transtainer System、Transfer

ペレーターは、貨物...　　　　　　stem ともいう）があります（後述

常な状態で引き渡され...　　　　　...ナターミナル」の項参照）。

し、ドックレシート（D...　　　　　...の船体構造から Lo/Lo（Lift on/

り人（海貨業者）に交付...　　　...冊...う垂直荷役方法と Ro/Ro（Roll

トでの書類の流れです。　　　　　...分の水平荷役方法があり、これ

　現在ではターミナルにお...　　　...ミナルの作業形態に大きな相

搬入票などの提示が省略され...　　　現在ではコンテナ船はほと

レス化でゲート処理の時間が...　　　...です。

に一部の港ではターミナルの自...　　　実入りコンテナは本船積

ナヤード内でのコンテナの搬送...　　　...一時集積・蔵置されます。

（Automated Guided Vehicle: A...　　　...ターは CLP、その他の

されるなど無人化が促進されてお...

政府も国際コンテナ戦略港湾の競争...

AI（人工知能）、IoT（モノのインター...

自動化技術の組み合わせで AI ターミ...

実現を掲げているので、ターミナルで0...

テナ搬出入手続きもさらに簡素化が進む...

と思われます。

　当該貨物は CY 搬入後、船社またはその...

理人であるターミナルオペレーターの責任と...

管理下に置かれ、本船船積み荷役および必要...

な作業へと手続きが進んでいきます。

(8) 本船積み込み作業
（Terminal Operation）

　コンテナターミナルの運用方式には、構内
荷役機器それぞれの特徴によってストラド
ルキャリア方式（Straddle Carrier System）、

Ro/Ro方式の自動車荷役
（Courtesy of Hoegh Autoliners）

積み荷情報によって荷役プラン（Loading Plan）を作成します。

　一般的なLo/Loタイプのストラドルキャリア・システムのオペレーションでは、荷役プランの本船積み込み順序にしたがって、コンテナを荷役用機器でCYから運び出し、同じターミナル内のマーシャリングヤード（Marshalling Yard）に移送し、本船積み込みハッチ別・積み込み順に整理・配列（Marshalling）します。

　コンテナの本船積載は、エプロン（岸壁の水際部分）に設備されたガントリークレーン（Gantry Crane）で荷役されます。プランに定められた積み荷順序によって、トレーラーでクレーンの下に移送されたコンテナは、本船積み付け図（Stowage Plan）通りに、クレーンのスプレッダー（Spreader）で吊り上げられ、本船の倉内（Hatch）あるいは甲板上（On Deck）に降ろされて積みつけられ、所定のラッシング（Lashing）方法によって固定されます。

　積み荷は船側で検数人（Checker）が、コンテナ番号・型式・シールの適否・コンテナ外部の損傷の有無と状況などを点検します。これはCondition Checkといい、点検の結果から検数表（Tally Sheet）を作成、これをもとに現認事故の有無・摘要を記入したException Listが作成されます。また一連の事務処理として船積みコンテナの確認および通関手仕舞いのため積み荷コンテナリスト（Load Container List）も作成されます。

（9）本船手仕舞いとB/Lの発行

　コンテナの積み込みが完了すると、ターミナルオペレーターはドックレシート（D/R）のコピー（Customs Copy）に船長の積み取り確認を取り付けたうえ輸出許可書（E/P）とともに税関に提出し、船積み後、搭載確認印をE/Pに取り付け、海貨業者に返却します。

　ターミナルオペレーターが荷受けし、署名したD/Rにもとづいて、船社は運賃の計算を行い、コンテナB/Lの作成に取りかかります。コンテナ積み込み時の摘要（Remarks）の有無、運賃・料金の元払い（Prepaid）・着払い（Collect）などを確認し、B/Lの作成を完成させます。船社の手仕舞い業務の中でもD/RをもとにしをB/L作成、発行する作業はとくに重要な業務です。

　海貨業者（荷主）は船社が発行するB/Lの記載事項および運賃・料金を確認したうえで、運賃積み地払い（Freight Prepaid）の場合は運賃・料金（Freight & Charges）を支払い後B/Lを受け取ります。

　なお、D/Rにリマークが記入されている場合には、荷主の補償状（Letter of Indemnity：L/I）を差し入れてクリーンB/L（Clean B/L、無事故船荷証券）を発行してもらうことができます。これらの事故摘要（リマーク）は船社のException Listに正確に記載され、貨物／コンテナの仕向け地において

貨物引き渡し（Cargo Release/Delivery）の際に紛争が生じた場合、対抗するための根拠とされています。

　海貨業者は船積みが確認された E/P または B/L、さらには輸出許可時に税関から返却を受けた輸出報告書（Export Report：E/R）を荷主へ送付します。

　荷主は、これらの船積み作業と通関手続きが行われている間に取引条件にもとづいて必要とされる保険手続き（付保）を済ませ、保険証券（I/P）を揃え、必要な場合は原産地証明書（C/O）を作成するなど、輸出荷為替取り組みのための決済関係船積み書類を準備します。またそれぞれの船積み商品について、品名・数量・船名・出港日・仕向け地到着予定日などを荷受人に通知（Shipping Advice）し、かつ一連の船積み書類の写しを荷受人（Buyer/Consignee）に送付します。

　船社は本船出港後、積み荷の揚げ地および荷渡し地の関連海外支店・代理店などへ積み荷目録（Cargo Manifest）、運賃明細書（Freight List）、B/L コピー、積み付けプラン、Bay Plan/Exception List、Dangerous Cargo List、Special Container List など必要な船社書類を送付し、船積み貨物の手仕舞い業務を完了します。

6. LCL 貨物の一般的な流れ

(1) CFS 搬入

　荷主の工場から出荷された貨物は荷主の自家用あるいは陸送業者のトラックによって通常の輸出包装のまま海貨業者あるいは船社のCFS に運び込まれます。船社の CFS は荷主から持ち込まれた 1 本のコンテナを仕立てるだけの量に満たない小口貨物を集めてコンテナに詰め込み、1 本のコンテナに仕立てる作業をする場所で、船社が CFS オペレーター（通常は港運業者）に委託して運営しています。海貨業者が運営する CFS も同様ですが、一般的にコンテナヤードに隣接して設置されています。

　工場から出荷する際の書類のやり取りなどは FCL 貨物の時と同じです。CFS に到着した貨物はその CFS 専属の作業員によって荷下ろしされ、CFS 内に搬入されます。搬入の際には検数人が CFS の戸前で貨物を点検、検数します。この時点でCFSはドックレシート（海貨業者が作成）を発行します。

　船社 CFS へ貨物が引き渡された時点で貨物に対する船社の運送責任がはじまり、貨物の管理責任は船社の下請けである CFS オペレーターが負うことになります。

(2) 通関

　CFS では複数の荷主の貨物を 1 つのコンテナに詰め合わせるため、荷主から入荷する LCL 貨物を送り状と照らし合わせて数量を確認、入庫番号を確定して入荷台帳を作成します。検数表（Tally Sheet）および CFS Exception List も通常コンテナ詰めの際に作

051

成されます。

　CFSでは通関済みと未通関の別、仕向け地別などに仕分けされ、貨物搬入明細表が作成されます。未通関の貨物については通関士が輸出申告書と輸出報告書を作成、インボイスやパッキングリストのほか、品目によっては輸出承認証や検量証明書をそえて管轄税関に申請、輸出許可を受けます。前述のように、通関手続きはNACCSを通じて処理されるので、輸出許可もNACCSを通じて返信されます。

(3) バンニング

　輸出許可を受けた貨物はCFS専属の作業員によってコンテナ詰めされます。検数人は貨物の状態を点検して数量をチェックし、コンテナ内積付表（CLP）を作成します。バンニングが終了次第、コンテナはFCL貨物同様CYに移送され、輸出許可書（E/P）、ドックレシート、検量証明書がターミナルオペレーターに引き渡されます。CY搬入後の流れはFCL貨物と同様です。

バンニング作業

コンテナ貨物船積み諸制度・慣行

　輸出貨物の船積みに際して、さまざまな書類作成と手続き、それに荷役作業は多くの制度・慣行に基づいており、かつそれらは法律によって規制され、実行されています。

　主要な関係法令には関税法とその関連法規である通関業法、港湾運送事業法、国際海上物品運送法、外国為替および外国貿易管理関係法規、その他多岐にわたってさまざまなものがあり、これらが港湾物流のプロセスの中で重なり合って諸制度が構成されています。

　FCL貨物海貨手倉受け（荷主施設から海貨業者の上屋を経由してCYに搬送される）ルートでは、荷主あるいは海貨業者が委託した陸運業者によって、船積み貨物が港頭地区にトラック輸送され、荷主から船積み業務を受託した港運事業者に引き渡され、港頭地区の上屋で受け取られた貨物は船積み準備のための事務処理および荷役作業が施され、並行して荷主の依頼にもとづいて通関業者により通関業務が代行され、当該貨物にかかわる手続きが遂行されます。

　さらに船社の委託を受けたターミナルオペレーターによってコンテナ船への貨物積載荷役と諸手続きが進められ、完了すると海上運送が始まり、貨物が外国に向けて輸出されます。これらの業務を行う業者は法律で

規制された免許業者に限られています。

　関係法規にもとづいた船積みに関係する手続きや、船積み貨物のフローの中でそれぞれの役割を果たしている事業者の事務処理にはさまざまな制度があります。

1.　貨物搬入・蔵置

　港湾運送の秩序にかかわる法律、港湾運送事業法では、荷主または船社の委託を受けて、その需要に応じ港湾運送を行う港湾運送事業者の行為が定められています。

　同法によると、港湾運送事業とは、船舶により運送されるべき貨物の港湾における船舶への引き渡しもしくは荷主からの受け取りにあわせて、これらに先行しまたは後続する一貫行為（受け渡し業務）と、港湾においてする「上屋その他の荷さばき場」における貨物の搬入・搬出・保管行為だと規定しています。つまり本船に貨物を揚げ積みする港湾荷役や港湾地域で貨物を移動・保管したり搬出入するこれらの業務は、許可を受けた港湾運送業者が行うことになっています。このため「保税地域」の施設への搬入・蔵置の行為は港運事業者によって取り扱われています。

　港湾においては、港湾法による荷捌き施設としての「上屋」および荷捌き地、または保管施設と、倉庫業法による「港湾倉庫」、さらには関税法による保税蔵置場など紛らわしい多くの施設とその名称がありますが、一般的な船積み貨物の対象になる施設は、関税法の「保税蔵置場」、あるいは港湾運送事業法の「上屋」とされています。これらの通関のための保税地域（保税上屋）と船積み荷役のための荷捌き施設（港運上屋）の関連は以下のようになっています。

〈保税地域〉

　輸出貨物は通関のため、いったん保税地域に搬入しなければなりませんが、この保税地域は関税法によって指定保税地域・保税蔵置場・保税工場などに分類され、それぞれ規定された機能を果たしています。

　その一つとして、輸出貨物の船積みに利用される保税施設に指定保税地域がありますが、これは開港または税関空港における税関手続きの管理と、迅速な処理をはかるため外国貨物の積み下ろし、あるいは運送または一

コンテナターミナルも保税地域

053

時置くことができる場所として、国・地方公共団体など公共が管理する土地・建設物・その他の施設が指定されています。港湾における主要公共埠頭・コンテナターミナルなどがその代表的な例です。

　FCL貨物の通関手続きと船積み準備作業は港運上屋（海貨手倉）で行われますが、これは港運事業における荷捌き上屋であり、船積み業務の円滑化と受け渡しの一貫行為のために港運（海貨業者）が関税法にもとづく保税上屋として許可を受けている場合が一般的です。このため輸出しようとする貨物の搬入・蔵置後通関手続きが行われる場所は、指定保税地域と保税上屋のいずれかが選択されますが、それぞれの施設の機能から、現状では保税上屋の利用が多くを占めています。

〈保税蔵置場〉

　これは外国貨物の積み下ろしをし、またこれを一時置くことができる場所として、税関長が申請にもとづき許可した保税地域です。輸出入業者が通関手続きを行うに際し、指定保税地域を利用するのがもっとも有利だと考えられますが、港湾の環境からその場所に限りがあり、また特定の輸出入業者は、とくに自社に便利な場所に輸出入貨物を入れて通関手続きを行うことを望むので、指定保税地域だけではすべての要請に応じられません。このため、輸出入貨物の搬出と一時蔵置のための設備を、特定の利用者に対し指定保税地域

の補完の意味合いから、保税蔵置所として許可し、貿易の円滑な運営をはかろうというのがその意図です。

2.　輸出貨物の搬入前申告

　コンテナを利用した一貫輸送によって経済効果を高め、海上コンテナ輸送を円滑・効率的に実施するため、コンテナ貨物の通関制度の一つとして輸出貨物の「搬入前申告」があります。輸出FCL貨物を港頭地区の保税蔵置場（海貨手倉）に搬入・一時蔵置することを省略し、内陸の生産工場もしくは荷主荷捌き施設でコンテナに貨物を詰め込み、そのまま直接CYに運び込み、船積みするパターンで、とくに直貿メーカーの大宗輸出貨物などのまとまった荷口の国際コンテナ輸送に利用されています。

　以前はこのような工場でコンテナ詰めしてそのままCYに直送するパターンを「コンテナ扱い」といっていました。輸出申告をするのは保税地域に貨物を搬入した後からだというのが原則でしたから、コンテナ扱いでも輸出申告はCY通関といわれ、CY搬入後に行われていました。しかし、2011年10月に保税搬入原則の見直しによる関税法基本通達等の改正で「搬入前申告」制度が導入され、バンニング後に輸出申告をすることができるようになりました。

　輸出許可が下りるのはコンテナが保税地域に搬入された後からとなりますが、搬入前

に税関の審査が終了していれば、コンテナの保税地域搬入登録を行うと同時に輸出許可となり、そのまま船積みできるのでコストと時間が大幅に削減できます。

　搬入前申告制度は業界関係者のコストと時間の削減のほかに不正輸出の防止という税関の目的があるので、申告には厳しさが要求され、貨物と申告内容に不一致があれば全量コンテナから取り出しての開披検査や、場合によっては輸出取り消しという厳しい処置がとられることもあります。搬入前申告は利用者にとっては便利な制度ですが正式な輸出申告には変わりありませんから、申告書の作成には厳密さが要求されます。税関ではコンテナに詰めたまま輸出通関する時の留意点として、

　　1) 関税法で規定されている「輸出してはならない貨物」や輸出貿易管理令に該当する貨物など輸出許可が受けられない貨物の詰め込み、

　　2) インボイスやパッキングリストに記載されていない物品の詰め込み、

　　3) 改正 SOLAS 条約で船長への通知が義務づけられているコンテナの総重量の規定オーバー、などを挙げている。

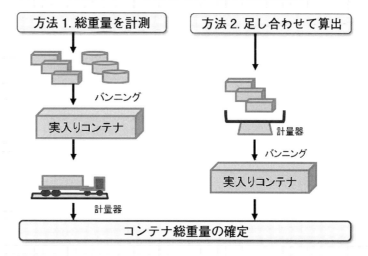

改正SOLAS条約に基づく重量確定方法

方法1. 総重量を計測　　方法2. 足し合わせて算出

バンニング　実入りコンテナ　計量器　バンニング　実入りコンテナ　計量器

コンテナ総重量の確定

3. コンテナ総重量（VGM）

　航海の安全に関する技術的基準を定めている国際海上人命安全条約（SOLAS）が海事テロ対策の強化を目的に改正されて2016年7月1日から発効したことにより、条約締結国から輸出される国際コンテナは条約で定められた方法で計量・証明されたコンテナ1本ごとの総重量（Verified Gross Mass: VGM）を船積み前に船長または代理人に提供することが義務付けられました。それまでもコンテナの総重量を船長に提供することが義務付けられていましたが、改正によって総重量をどのように計測するか、責任者が誰かということが明確になりました。

　コンテナ（上部隅金具が取り付けられている 12' コンテナおよび直接 Ro/Ro 船に積みつけられるコンテナを含む）総重量の確定方法は2つあり、1つは梱包・シールされた実

入りコンテナの総重量計測、2つ目は個々の貨物、梱包材などを計測しそれらと空コン重量を足し合わせて算出する方法で、いずれかの方法で確定し、その確定情報を荷送り人の責任で船積み書類に記載して船社（船長）またはコンテナヤード（CY）責任者に伝達しなければなりません。

　荷送り人はみずから総重量を検証し確定させることのほか、国土交通大臣に登録された第三者に総重量の確定を依頼することもできます。みずから重量を確定するには国土交通大臣への届け出が必要で、荷送り人の委託を受けて総重量を計測・計算する者も国土交通大臣に登録確定事業者としての登録を受けなければなりません。届け出をした荷送人（届出荷送人）と登録確定事業者の名称は国土交通省のホームページに公表されます。

　荷送人からコンテナ総重量の情報提供がなく、船長（その代理人）およびターミナル代表者がコンテナ総重量を入手していない場合は、当該コンテナの船積みは禁止されます。

　荷送り人は、コンテナ総重量を確定するだけでなく、その重量をドックレシートや搬入票などに記載して証明し、船積み前に船長およびターミナル代表者に対して提出することが義務付けられています。

　なお、計測器の許容誤差は±5％と定められています。コンテナ1本ずつそれぞれ誤差が±5％以内の計測器で量って足し合わせれば基本的にコンテナ総重量も5％以内の誤差になると考えられているからです。ただ、これも確定的なものではなく、記載ミス、手順書の不備、計測器の不調などが原因であれば改善が指導されますが、罰則や業務停止が命じられるものではありません。明らかに届け出や基準に従わず、また実測することもなしにいい加減な数値を申告しているといった場合に罰則が適用されるということです。

4.　荷さばき施設

　港湾には荷捌き施設と保管施設があります。これらは輸出入貨物の荷捌きと一時保管を行う上屋と呼ばれる施設と埠頭の背後地に設置され倉庫業法により営業の許可を受けた物品の保管に利用される倉庫、すなわち臨港倉庫あるいは埠頭倉庫といわれる港湾営業倉庫などに分類されます。船積み貨物が港湾地域に搬入され、これらの貨物の集積・仕分け（小分け）・整理・マーキング・検査・梱包などの荷役と付帯作業、または船積み準備のための事務処理をするには、荷捌きと一時保管の施設である上屋が一般的に利用されます。

　貨物の上屋への搬入・搬出・荷捌き、または本船への貨物受け渡しをするための一時的保管などの仕事は港湾運送事業者（港運業者）の職域となっており、これらの港運業者が自社の上屋や港湾管理者から使用を許可された公共（都・市営など）上屋の施設で、一連の荷役業務を行っています。

　しかし、港運業者は企業基盤として倉庫業

を兼業するものが多く、港湾倉庫の保管施設を上屋として利用することがあります。これは長期の寄託貨物あるいは流通加工が施される貨物の保管、または輸入陸揚げ貨物の荷捌きに港頭地区の営業倉庫が利用されるため、取り扱い物品の種類によっては、上屋と倉庫の使用区分が明らかでない場合もあります。

5. 保税貨物

FCL 貨物海貨手倉受け（荷主施設から海貨業者の上屋を経由して CY に搬送される）船積み貨物は、税関に申告し、必要な検査を経て、輸出許可を受けなければなりません。輸出申告は貨物を保税地域に入れた後にすることが原則となっています。

関税法では輸出の許可を受けた貨物は外国貨物だと規定されているので、船積み貨物は国内貨物（内貨）として搬入され、通関手続きを経て外貨として上屋から搬出されるという特質を持っています。

関税法はまた保税地域で外国貨物の積み下ろしや運搬をし、一時蔵置できる場所として保税蔵置場を規定しています。外国貨物は特例を除いては保税地域以外の場所に置くことができないため、輸出船積み貨物は、保税蔵置場／港運上屋に搬入された後は船積みまで保税地域内での取り扱いとなります。

6. 搬入と搬出

関税法は貨物の出し入れについても規定し

ており、輸出しようとする貨物を保税地域（蔵置場）に入れ、またはそこから出そうとする者はあらかじめ税関に届け出て、また貨物を管理する者は当該貨物の帳簿をつくって、政令で定める事項を記載することとしています。

この貨物の出し入れの届け出は保税蔵置場の被許可者すなわち倉主によってなされます。この倉主が行う輸出貨物の手続きは次のように定められています。

（イ）輸出しようとする貨物が保税地域に搬入されるとき、倉主は自己の責任においてその貨物と搬入関係伝票とを対査し、貨物の記号・番号・品名および数量などの異常の有無の確認を行う。

（ロ）輸出の許可を受けた貨物を搬出しようとする貨主またはこれに代わる者は、当該搬出しようとする貨物にかかわる輸出許可書をあらかじめ倉主に提示する。

倉主は、輸出許可書の提示を受けたとき、提示された輸出許可書と搬出しようとする貨物とを照合し、貨物の記号・番号・品名および数量などに相違がないかを確認して提示された輸出許可書に認印を押捺し、自己の責任で貨物の搬出を認めます。この場合、倉主は、提示された輸出許可書の内容に不備があるとき、または提示された輸出許可書と搬出しようとする貨物に相違があるときはただちにその内容を保税担当職員に報告することになっています。さらに法令は、倉主について搬出

入事項の報告義務を定め、また、貨物の取り扱い・蔵置方法などを規制しています。

輸出船積みの手続きは、このような保税と通関手続きが大きな部分を占めていますが、その他にも受け渡しに関するさまざまな制度があります。

7. 検数・検量

貨物の搬入時は、港運一種事業に包括される沿岸荷役とともに、検数・検量などの作業が並行実施されます。

(1) 検　数

貨物が荷主の工場あるいは内陸の梱包場などから出荷され、海貨業者の上屋への配送を済ませて船積み準備作業を整え、その後CYからコンテナ船に積み込まれるまでの流れの中で、運送契約にもとづく運送責任の発生と終了の受け渡しの接点、または流通プロセスにおいて輸送形態の変わる結節点で、検数が実施されます。船側あるいはターミナルなどで荷主と船社との貨物の受け渡しを検数人（Checker）が証明する行為が検数業者の主要事業ですが、検数業務の特徴とその機能から、搬入・搬出・バンニングにも実貨物と関係書類を照合確認し、証明を行うための一貫検数作業が船積みのプロセスに起用されるケースもあります。

搬入前申告をしないFCL貨物は、シッパーズパックとして海貨上屋でバンニング後FCL貨物となってCYに搬入されますが、この場合、船社は約款にもとづいてコンテナの中の商品の個数、その他荷主の申告事項などについての責任を負わないことから、検数人はバンニングに立ち会ってバン詰め貨物の明細を記載したコンテナ詰め貨物証明書（Vanning/Container Certificate）を作成します。また搬入前申告の貨物でも、コンテナ詰め込みの検数の証明書が通関手続きに使用されます。

(2) 検　量

個品海上運送貨物の運賃は容積建て（Measurement Basis）と重量建て（Weight Basis）などの基本運賃料金（Base Rate）が定められています。重量建て貨物（Weight Cargo）の場合はキロトン単位、容量貨物建て（Measurement Cargo）は立法メートル（Cubic Meter/k）を単位とした度量衡単位が示され、かつ容積・重量による運賃の算定基準となるトン数の計算方法が明示されています。

8. 通　関

FCL貨物の保税蔵置場からの搬出・バンニングまでの過程での主要業務に通関手続きがあります。輸出しようとする貨物は原則として保税地域へ搬入し、関税法の定めにより輸出申告をします。

申告税関については、以前は貨物が蔵置されている場所を管轄する税関官署に申告する

ことを原則としていましたが、2017年10月8日以降この原則を維持しつつ、AEO事業者（AEO輸出者、AEO輸入者、AEO通関業者）については、いずれの税関官署においても輸出入申告を行うことが可能となりました。この規制緩和により、AEO事業者にとっては輸出入申告が可能な税関の選択肢が広がり、輸出入にかかわる事務の効率化やコスト削減が可能となりました。

　申告・書類審査・貨物検査を経て許可された貨物は外国貨物として扱われ、搬出・バンニングの作業を経て、CYまで保税運送され、コンテナターミナルで本船へ積み込まれます。

　このプロセスにおける通関の手続きは通関業者によって行われます。

　陸上運送から海上運送に通ずる接点、すなわち港湾で荷主から船社へ輸出貨物を引き渡すまでのすべての行為を積載本船の出航予定日時に合わせて、港運の複雑な仕組みと、諸制度の複雑な業務体系の中で能率的に調達し、確実に円滑に遂行することが船積み実務とされています。海貨業務（港運）と通関業務は受け渡し行為を推進するための両輪といえます。これらの業務は一連の船積み手続きの過程で並行し、一般的には通関業務は海貨業に包括され主要な兼業部門としてその通関担当セクションで適切に実行されます。

9. バンニング（Vanning）

　FCL貨物海貨手倉受けのパターンでは、輸出貨物は荷主の工場や梱包施設からトラックで港頭地区まで運ばれ、保税蔵置場の指定を受けている海貨業者の上屋に搬入し関係帳票と照合し、輸出許可が下りたらバンニング作業を開始します。

　輸出許可書（E/P）の交付を受けた後、船積み貨物をE/Pやその他の搬出関係帳票と照合し、搬出します。

　この作業を行う施設はほとんどが高床式といわれる建屋構造となっていて、コンテナ輸送のためのトレーラーシャシーの高さに合わせて設計されているので効率的な作業が可能です。バンニング後はトレーラーでCYまで移送します。

　このバンニングと搬出は港運事業法にもとづく港湾運送事業の沿岸荷役のカテゴリーに入り、港運業者の元請けが一貫して取り扱っています。

海貨業者の上屋

059

輸出を許可された貨物は、関税法の規定によって外国貨物となり、搬出される際には外貨として取り扱われます。外国貨物が保税上屋から搬出されて本船積み込みのため船社CYなど他の保税地域に移送する場合は保税運送扱いとなるので、搬出・バンニングに続いてコンテナを横持ち（ドレイ）する際には、所轄の税関長に申告して保税運送の承認を得なければなりません。

バンニングとは、本来バントレーラー（Van Trailer）などの有蓋（屋根付き）大型トラックに貨物を積み込むことを指し、またコンテナ輸送が始まり、普及した北米では大型コンテナをバン（Van）と呼称していたことから、一般的に海上コンテナに貨物を詰め込む行為をバンニングといっています。コンテナ詰め込み／取り出し作業の外国でのもっとも一般的な呼び方はStuffing/Unstuffingで、Loading、Packingなどと呼ばれることもあります。

荷主が自己の責任と費用で船積み貨物を海上コンテナに詰めてシールを施しCYで船社に引き渡すパターンでは、船社がこの貨物を"Shipper's Load and Count"で運送を受託するため、詰め込まれた中味について船社は関知せず、荷主の責任となりますから、一連の船積み実務の中で、このバンニング作業は確実に処理する必要があります。

コンテナへの貨物の詰め込みもコスト面から重要な作業となります。コンテナの

貨物積載許容容量／重量（Inside Volume Capacity/Weight Capacity）の範囲内で無駄なスペースをできるだけ少なくする効率的バンニングが求められます。さらに、コンテナに入り切らないオーバーフロー貨物（Overflow Cargo）の処置もバンニングプラン策定または作業遂行の重要なポイントとなります。

(1) コンテナ（機器）借り入れ

バンニングの手順は、シッピングインストラクション（S/I）・コマーシャルインボイス（C/Inv）・パッキングリスト（P/L）などに基づいて事前にバンニングプランを策定し、必要とされるコンテナの種別・型式と個数を船社から借り出すための申し入れからスタートします。

荷主は船積み予定に沿ってスペースをブッキングしますが、その際、船積み貨物の性状に合わせて予定されるコンテナの種別・型式（例＝ドライコンテナ、40フィートなど）と必要な本数の借り入れを申し込みます。

ブッキングが確認されると船社は各本船ごとの船腹予約をブッキングリストにまとめ、ターミナルオペレーターへ配布します。

一方で、海貨業者は予定積載本船へのCY搬入締め切り日時（CY Cut Time）を勘案し、バンニングプランを参照してブッキング船社に空コンテナまたは機器（Container Equipment）の借り入れを申し込みます。こ

の借り入れは、運賃タリフに定められた無料扱い期間（Free Time）、またはコンテナ留置料（Container Equipment Detention Charge）、あるいは海上コンテナの引き回しに要するセミトレーラーの回送横もち料（Container Drayage）などを配慮してバンニング作業の直前に実施されます。

　船社はブッキングリストにもとづいて海貨業者の申し入れを受け付け、空コンテナの保管・管理をしているターミナルオペレーターに通知し、海貨業者あるいは委託陸送業者に機器引渡指図書（Equipment Despatch Order/EDO）を交付します。空コンテナは一般的にコンテナターミナル内あるいはそれに隣接したバンプール（Van Pool）に保管されています。

　EDOには空コンテナの受け渡し場所と、詰め込み後にコンテナを搬入するCY、および貨物がバンニングされる場所などが指定されています。

海貨業者は自社の陸運部門で横もち（Dray）を直営する場合がありますが、横もちの多くは海貨業者が委託した海上コンテナ運送車両を保有する陸送業者によって取り扱われます。この陸送業者はEDOに指示されたバンプールのオペレーターにEDOを提出し、空コンテナを貸り受けます。この際バンプールのオペレーターは、あらかじめ船社から配布されたブッキングリストとEDOを対照して貸し出しますが、その時にバンニング作業後のコンテナ密閉に必要なコンテナシールを発給します。

　さらに船社が指定したターミナルオペレーターは空コンテナの貸し出し時に機器引渡書（Equipment Interchange Receipt Out/EIR-Out）を作成し、コンテナ受け渡し時点における機器の損傷の有無などの点検結果を記載、国際コンテナ輸送に支障のない正常な状態であることを確認し、荷主（陸送業者）／船社（オペレーター）側双方がEIRに署名し空コンテナが引き渡されます。

　なお、一般に海上コンテナは条約に定められた種類・型式別の規格化容器としてほとんど外国製品が利用されていますが、これらは「コンテナ通関条約の実施に伴う関税法等の特例に関する法律」によって、その輸入は免税扱いで、簡易な通関申告などの便宜がはかられています。

空コンテナの立体格納庫

コンテナやシャシーなどの機器の国内外の管理運用は船社の採算にとって重要な要素を占めており、その流通・保管・搬出入（Container Inventory Control）をいかに一元的、効率的に管理するかは国際輸送の主要な業務となっています。

(2) 貨物の固定作業（Cargo Securing）

コンテナ内貨物の荷くずれや貨物またはコンテナ機器自体の損傷を防止し、さらに異種貨物との区分などのため、必要な場合はバンニング時に貨物の性状に適したショアリング（Shoring）またはラッシング（Lashing）といわれる貨物固定作業が行われます。コンテナの種類と型式別あるいはコンテナ内貨物に対応した多様な固定の方法があります。

バンニングには Dead Space（貨物のために使われていないスペース）が生じないような効率的な積み付けが必要です。均等・同種などでコンテナ内側の寸法に適合した貨物の場合はこの種のセキュアリングは省略されますが、貨物の形状に応じてコンテナ内での移動防止のため、効果的・経済的な資材を使用して内蔵貨物の固縛ないし固定による保護が施されます。

なおコンテナ混載輸送など、仕向け地・荷主別に異種貨物を区分する場合、一般的にネットまたはカラーステッカーなどを使用して貨物を区画するケースもあります。

(3) バンニングの際に作成される帳票類

海貨業者の船積み貨物バンニング作業に立ち会った検数人・検定人は、バンニング終了後あらかじめ船社／ターミナルオペレーターから交付された所定の船社コンテナシールでコンテナを封印し、バンニング時における貨物の数量や状況、シール番号などを記載したバンニングリポート（Vanning Report）を作成します。この時、海貨業者はバンニングリポートと S/I などの関係書類を照合してコンテナ貨物搬入票と、ドックレシート（D/R）およびコンテナ内積付表（CLP）などを作成します。

①コンテナロードプラン（CLP）

わが国の商法では、「運送に必要な書類の交付」として荷送り人は船積み期間内に運送に必要な書類（運送契約に関する書類）を船長に交付することを要すると定め、また「船舶書類の備置義務」として、「船長は属具目録および運送契約に関する書類を船中に置くことを要す」とし、さらに船員法などに積み荷に関する書類の備置義務を示しています。このことから、国際海上輸送にかかわる個品運送貨物の船積みには固有な各種帳票書類が船社から荷主へ要求されますが、シッパーズパックではコンテナ内積付表（Container Load Plan：CLP）が求められています。

CLP は国際海上コンテナ輸送を最初に始めた米国船社の手仕舞い書類として利用

されていたものが、わが国を起点とするコンテナ主要航路のオペレーションに導入され、現在では特定の標準書式として普及使用されています。

このCLPは種々の形状と性状のコンテナごとに、詰め込まれたすべての内蔵貨物に関する一切の明細と情報が記録された帳票です。

CLPは荷主あるいは、その代理人、すなわち船積み貨物をコンテナ容器に詰め込んだ者（海貨業者など）によって使用されたコンテナ単位に作成されます。記載項目には船名・荷受け地・積出港・荷揚げ港・荷渡し地・コンテナ番号・シール番号・コンテナの種別・E/P番号、品名・記号・個数・包装種類・重量・容積などの物品の記録がバンニング順に記入され、さらにはコンテナ重量・総重量・積込地・積込者名などの明細がそれぞれ記入されます。

このようにCLPには輸送に必要な情報が表示されているため、船社のコンテナB/Lの作成あるいは運賃計算の基礎資料として用いられ、さらに積み地税関へのターミナル搬入手続き、CYにおけるコンテナマーシャリング計画および本船積み付け計画の策定、本船宛コンテナ内蔵貨物の通知、または荷揚げ港におけるコンテナ保税輸送手続き、あるいはコンテナデバンニング（Container Devannig）作業の指示などの基本資料として広範囲に多目的に利用されます。

さらに混載貨物の区分、ボックスレートが定められていないケースでの運賃計算の際にも必要となり、また海上輸送に不可欠な積み荷目録（Cargo Manifest）に代用される場合もあり、これらの特性から行政関係書類の添付書式に採用されるケースがあります。

②コンテナ貨物搬入票

CLPに類似した帳票に、コンテナ貨物搬入票（Gate-in Slip）があります。実入りコンテナをドレイし、CYに搬入する際に、CLPとドックレシート（D/R）が輸出許可書（E/P）とともにターミナルオペレーターへ提出されることが原則ですが、船積み手続きを円滑かつ迅速に処理する必要から、ドレイにD/R・CLPを託送することが間に合わない時、このコンテナ貨物搬入票が作成され活用されます。

③ドックレシート（D/R）

船社書類の基本的な主要帳票にD/Rがあります。これは海貨業者がS/Iまたはバンニングリポートなどの関係帳票にもとづいて、船社が発行するコンテナB/L（船荷証券）単位別に作成します。

記述内容にはB/L作成に必要なデータとターミナルのオペレーションに必要なデータなどがあります。D/R書式と記載事項は船社のB/L書式とその内容に一致しているので、ワンライティングで記載事項

をB/Lへ転記することが可能で、B/L作成業務の簡易化が図られ、あるいはシステムインプットの原票として、B/Lドキュメンテーションを効果的に行うために活用されています。したがってD/Rの機能は実入りコンテナの受け渡しに利用される受領書として、かつターミナルオペレーションのためのデータ処理の基本的帳票として、さらにB/L作成原票として、船積み事務処理の進行にもっとも重要な役割を持つ書類とされています。

(4) コンテナ発送・CY 搬入

　バンプールから引き渡されたコンテナバンは、船積み荷捌き施設へ移送され、バンニングのうえ実入りコンテナとしてCYに移送されます。

　ターミナルオペレーションには、ストラドルキャリア方式とシャシー方式、さらにこれらを併用したトランスファークレーン方式などがありますが、コンテナ陸上輸送はこれらに適合させて、セミトレーラーにシャシーを組み合わせた車両にバンプールから借り出したコンテナを載せて運ぶ方法と、シャシーとコンテナバンを一つのセットとして、バンプールでそのセットを借り受け、これにトレーラーヘッドを接続して運ぶ方法があります。邦船社などは一般的にストラドルキャリア方式でターミナルを運営するケースが多いことから、コンテナドレイは前者が採られて

います。この運送はコンテナ機器受け渡しと関連ドキュメンテーションなど所定の手続きを経て、CYのカットタイムに合わせて行われます。

(5) 機器受け渡し手続き

　船社とターミナルは、コンテナ機器をコンテナインベントリー・コントロールシステムによって統合的に管理しています。バンプールでの機器保管・入出庫管理および荷主への受け渡し業務を円滑にするため、荷主側と船社側それぞれが付帯する手続きを実施しています。

　船社が所有または管理する空コンテナや機器は、それらが保管されている場所で、荷主あるいは海貨業者から委託されたコンテナ車両陸送業者と、バンプールの管理者（ターミナルオペレーター）との間で受け渡しが行われます。その際に引き渡し、引き取りの確認として機器受渡証（Equipment Interchange Receipt：EIR）が交換されます。EIRには搬出・搬入（Out、In）の2種類があります。この帳票の記載内容は搬出入場所、搬出入者、受け渡し日時、コンテナ種別、シャシー番号、搬出入の目的、荷主名、出発地および日時、船名／荷揚げ港、返却予定日と、さらに搬出入時の機器の異常の有無および機器構造の内外の点検の状態などです。

　EIRはコンテナがターミナルを出入りすることによって、すなわち船社の管理下から荷

主の管理下に移る時点で、機器あるいは内蔵物品の損傷が発生した場合の責任の所在を明確にするための証拠書類としての機能を持っています。

(6) CY 搬入までの手順入

コンテナ貨物の CY 搬入までの手順の要約は、まずブッキングを受けつけた船社が積み出しに必要な空コンテナの保管者すなわち CY あるいはバンプールのオペレーターあてに機器引渡指図書（EDO）を交付して、コンテナ機器を荷主側に引き渡す指示をします。船社の空コンテナは搬出時の状態を明示したオペレーターの作成した EIR によって、コンテナドレイを請け負った荷主代行（海貨業者）の陸送業者（Drayman ともいわれる）へ引き渡されます。ですから EIR はコンテナ引き渡しの際の荷主の船社に対するコンテナの受領証でもあります。

CY あるいはバンプールから搬出された空コンテナには、FCL 貨物に相当する船積み貨物が海貨上屋（保税蔵置場）で詰め込まれます。当該貨物の輸出許可書（E/P）、CLP、D/R、それにコンテナ陸送業者のドライバーに託送される海貨業者が作成したコンテナ貨物搬入票などとともに、オペレーターが作成した EIR-In によって CY のゲートでターミナルオペレーターに実入りコンテナとして受け取られます。この EIR にはバンプール搬出時の EIR-Out と同様にゲート到着時のコンテナ

機器の異常と、機器の現認点検状況などが記載され、オペレーターとドライバー双方がサインし、実入りコンテナの受領証ともなっています。

なお、EIR の記載内容は、搬入後、他の諸情報とともにコンピューターシステムの処理データとしてオペレーターによってコンテナインベントリーコントロールまたは船社手仕舞い業務処理のためにインプットされます。

ゲートで CY へ搬入された実入りコンテナを受け付けたオペレーターは、あらかじめターミナル内のマーシャリングのために策定したロケーションプランにもとづいて、コンテナ蔵置のロケーションを指示し、所定の場所へ実入りコンテナをドライバーに移送させ、オペレーターがシャシーから取り下ろします。

ゲート搬入が船積み貨物の荷主と船社間の運送契約の受け渡しの接点となるため、搬入されるコンテナは外装の点検とシールの確認あるいは託送された船社船積み書類のチェッ

ターミナルゲート

クが行われます。ゲートにはコンテナの重量計量器（台貫）が設置され、許容コンテナ総重量が計測されます。

ガントリークレーンによる船積み

　このような手続きを経てオペレーターは実入りコンテナと D/R・CLP・E/P などの書類とを対査し、船積み貨物の受領の証として D/R に署名、荷主（実際はその代理人の海貨業者）に返却します。コンテナ搬入時にこれらの船社船積み書類が整わない場合には、オペレーターはまずコンテナ搬入票の提出を求め、所定の手続きを行い、書類がすべて揃った時点でチェックのうえ、CY での搬入コンテナ（船積み貨物）の受け渡しを正式に認めて D/R に署名し、荷主（海貨業者）に返却します。

　原則的には D/R は貨物の受領証として即時荷主に交付すべきものですが、実際の措置はオペレーターが当該 D/R を CLP・E/P その他の船社船積み書類と相互にチェックし、署名後に元地回収（Surrender）し、船社に直接送付します。この場合、船社 B/L の発行に際してとくに荷主から D/R を提出しません。したがってオペレーターが作成しドライバー（ドレイマン）と双方が受け渡しを確認して署名した時点で EIR-In が荷主に対する実入りコンテナの受け取りの証となり、CLP が貨物受け渡しの証と見なされます。ただし、シッパーズパックコンテナの中身に関しては中立機関（検数・検定）などの内容証明（Container Certificate）で貨物と個数が確認されている場合があるものの、船荷証券（B/L）裏面約款で船社は FCL 貨物の中身に関して知らないことになっていますから（不知約款）、船社は原則として荷主に対してコンテナの中身を担保していません。

　CY 受け渡しに利用されるコンテナ貨物搬入票はコンテナ移動票、コンテナ搬入票あるいはゲートインスリップともいわれ、実入りコンテナの CY 搬入手続き帳票であり、D/R・CLP などの船社書類の補完的帳票と見られていますが、この搬入票の誤記・記入漏れなど不完全な記載については、正常なコンテナ輸送を阻害する要因となることから、オペレーターは誤謬記述に責任を負わない旨を明示しています。

10. 本船積み・手仕舞い業務

　CY に搬入されたコンテナはいったん所定の位置に配列され、本船積みの順番が来るとシャシーに積まれて船側まで運ばれ、岸壁エプロン部分に設置されているガントリークレーンあるいは本船のギアで吊り上げられて船倉または甲板上に固定・積載されます。このターミナルあるいは本船積み取りの荷役作業は Lo/Lo、Ro/Ro 船など運航コンテナ船のタイプに合わせて種々な方法がとられていますが、現在では Lo/Lo 方式がほとんどといっていいでしょう。

　CY に蔵置された実入りコンテナは、船社またはその代理人であるターミナルオペレーターの責任と管理下に置かれ、船積み完了後の諸手仕舞い業務に先行し必要な作業と手続きが実施されます。

　オペレーターは、船社のスペースブッキングから始まり、荷受けまでの船積み業務のプロセスで収集したブッキングリスト・D/R・CLP・E/P・コンテナ搬入票・EIR その他関係書類の記載データをオペレーションシステムに入力し、船社船積み書類と手仕舞い書類を作成します。その中の主要帳票には、積卸コンテナ一覧表・積み荷実施予定表・本船積み付けプラン・D/R・リマークリスト・エクセプションリスト・B/L・積み荷目録などがあります。

11. D/R と B/L

　国際海上物品運送法には、船荷証券（B/L）の交付義務と、B/L の作成要件、および荷送り人への通告など、B/L に関する規定があり、そこでは運送品の船積み後、荷送り人の請求によって船社は遅滞なく船積みがあった旨を記載した B/L すなわち Shipped B/L を交付しなければならないとしています。

　運送品の船積み前であっても、運送品を受け取った後は、荷送り人の請求により受け取りがあった旨を記載した B/L すなわち Received B/L を交付しなければならないとしています。わが国では輸出取引に L/C 決済が多く利用され、荷為替手形の買い取り条件に Shipped B/L が指定されることがほとんどなので、この Received B/L は少ないと見られています。

　B/L 作成要件には法定記載事項が示されています。荷送り人の書面による通告があった場合、その通告にしたがって交付する B/L にそれらの事項を記載しなければならないと規定し、また荷送り人は運送人（船社）に対し、この通告が正確であることを保証するとしています。

　一般的に D/R は B/L 作成の原票とされ、D/R の記載事項と同様に記述された B/L を荷送り人が受け取ることから、海貨業者（荷主）の作成する D/R のターミナルへの提出行為は船社に対し B/L 記載内容の書面によ

067

る通告と見なされ、作成にあたってはとくに記述の正確性が求められます。

コンテナターミナル
1. コンテナターミナル内の施設

　貿易貨物を海・陸の接点の水際で取り扱う場所がコンテナターミナル。また国内で外国貨物が最初に入ってくる、あるいは貨物が外国に出て行く国内最後の場所であり、コンテナ船が貨物を揚げ積みしたり一時蔵置する場所でもあります。コンテナターミナル一帯は保税地域に指定されており、関税法上では「外国」ということになります。

　コンテナターミナルは次のような施設によって構成されています。

バース（Berth）：コンテナ船が着岸して係留される岸壁部分。

エプロン（Apron）：岸壁のすぐ後ろの部分（岸壁とマーシャリングヤードの間の25〜50メートル）でガントリークレーンのレールが敷かれているあたりをいう。

マーシャリングヤード（Marshalling Yard）：エプロンのすぐ後にあるコンテナの集積場所。本船から荷揚げされたコンテナを蔵置、あるいは本船に積み込み予定のコンテナを仕向け地別などに整理する場所。鉄道や車の操車場にあたる。

コンテナヤード（Container Yard）：マーシャリングヤードとそのすぐ後ろのバックヤード（コンテナの仮置きなどのスペース）を含めたエリア。

コンテナフレートステーション（Container Freight Station）：コンテナヤードに接して設けられた小口コンテナ貨物用の荷さばき上屋。小口貨物（LCL貨物）を荷主から受け取って1個のコンテナに仕立てたり、あるいはコンテナから小口貨物を取り出す作業をする。

管理棟（Control Tower, Administration Office）：ターミナル内でのすべての業務・作業を統括する中枢部分。荷役、搬出入、一時保管・配置、ヤード内での作業、

ターミナルのレイアウト

船内の積み付けなどを管理、指揮する。

メンテナンスショップ（Maintenance Shop）：コンテナや関連機器の点検・修理・保守を行う整備工場。

ゲート（Gate）：コンテナターミナルの玄関で海陸一貫輸送の接点。コンテナ貨物の搬出入管理にあたり、荷主と船社の間でコンテナの受け渡しが行われる場所。

2. コンテナターミナルの運営

（1）専用バース・公共バース方式

　日本におけるコンテナターミナルは専用バースと公共バースの2通りの方式が基本となっています。その管理運営は東京、横浜、名古屋、大阪、神戸の5港における埠頭公社が2011年改正港湾法のもとに港湾運営会社に衣替えし、株式会社の「横浜港埠頭」など埠頭会社としてコンテナターミナルの管理運営主体になっています。船社および港運（元請）事業者が借受者ないし一般利用者となって直接運営にあたっています。

　公共バースは港湾管理者（地方自治体）が建設、管理・運営します。各埠頭会社（特例港湾運営会社）の保有バースが特定利用者に限られるのに対し、公共バースは不特定の船社に開放されます。

（2）PFI方式

　規制緩和による港運事業への参入の自由化にともなって、民間の資金・ノウハウを活用した PFI（Private Finance Initiative）方式もコンテナターミナル運営の一形態。

　PFI事業は3つに類型されます。ひとつは料金徴収型（料金徴収や関連事業収入を充当することにより民間事業者が整備費用を回収する）、一体整備型（公共施設と民間施設を一体的に整備することで単独よりも効率向上を図れる）、公共サービス購入型（公共主体が民間のサービスを購入する）というのが一般的なパターンです。

　わが国の港湾で初の独立採算型PFI事業となった例は、北九州港の「ひびきコンテナターミナル」（年間取り扱い能力50万TEU、水深15メートル、1期で岸壁2バース）と茨城県の常陸那珂港（水深14メートルでスーパーガントリークレーン2基を備える高規格コンテナターミナル）。

（3）新方式の運営形態

　コンテナターミナルの管理運営形態は前掲の埠頭会社の「専用」と「公共オープン」の2方式に加えて2000年に公共と公社方式の折衷案タイプの「新方式」ができました。これは、バースは国、コンテナヤードは港湾管理者、うわもの（＝上物、クレーンなど）は埠頭会社がそれぞれ建設、バースは国が建設し、港湾管理者が管理して公共利用とし、ヤードとうわもの（上物）は埠頭会社から船社および港運業者が借り受けて運営／専用利用する仕組みで、神戸港ポートアイランドPC18

069

（上組）や東京港大井5号（Wan Hai Lines）などがその例です。

　2000年頃からは船社に代わって港運事業者が共同で公社バースを借り受ける例が増えています。港運事業者単独借り受けも神戸PC18（上組）、民間専用のコンテナターミナルも04年に上組が東京港ではじめて整備・運営、名古屋港飛島南CTには港運・船社とともに荷主（トヨタ自動車＝飛島物流サービス）が初めて借受者に加わり、2014年には三菱倉庫が単独で横浜港埠頭の横浜港南本牧埠頭MC-3（国内最大水深20m）の借受者になりました。

　2006年5月に国会で成立した「海上物流の基盤強化のための港湾法等の一部改正法」では"特定外貿埠頭の管理運営に関する法律"（旧外貿埠頭業務承継法）によって公社の民営化を打ち出しました。第1号として東京都は東京港埠頭公社を2008年度当初に株式会社（港湾管理者出資）にしました。

　このほか半官半民の第3セクターによる

南本牧コンテナターミナル

方式として名古屋港コンテナ埠頭（NCB）方式が知られています。かつてのコンテナターミナルは船社、一般ライナーバースは港運会社という不文律がなくなり、有力ターミナルオペレーターが従来の作業面だけでなく、ターミナルの運営主体となっています。

　公共コンテナターミナルのオペレーターとしては地方港で港湾管理者と港運業者が第三セクターを設立し、運営する例も多く、これらは港湾運営会社に移行しているケースが多く見られます（新潟国際貿易ターミナル／博多港ふ頭／四日市港埠頭など）。

　一方、2009年10月に設置された国土交通省成長戦略会議でアジア主要港に対する競争力強化や海洋国家日本の復権の一環として、「選択」と「集中」に基づいた国際コンテナ戦略港湾の選定を行うこととし、さらに2014年1月の国際コンテナ戦略港湾政策推進委員会で広域からの貨物集約による「集貨」、戦略港湾背後への産業集積による「創貨」、大水深コンテナターミナルの機能強化や港湾運営会社に対する国の出資制度の創設による「競争力強化」を3本柱とする施策をまとめ、これに基づいて同年10月には阪神港の港湾運営会社となる阪神国際港湾株式会社（資本金7億3,000万円、資本準備金7億3,000万円、計14億6,000万円）が、16年1月には京浜港の港湾運営会社となる横浜川崎国際港湾株式会社（資本金：5億1,000万円、資本準備金4億9,000万

円、計 10 億円）が設立され、国がそれぞれ 35％、50％を出資し、東西の国際コンテナ戦略港湾において国・港湾管理者・民間の協働体制が構築されました。

3. コンテナターミナルの機能

海上コンテナ貨物は、内陸の工場または港頭地区のターミナル周辺の保税地域でコンテナ詰めされ、あるいは船社の指定した CFS で詰め込まれ、シッパーズパックあるいはキャリアーズパックとしてターミナル内のヤードに搬入され、船積みのために一時集積されます。その後、所定の荷役作業と手続きを経て本船へ積載されて海外へ積み出されます。

コンテナ輸送では個品貨物がロット化され標準化した大型容器にユニット化（Unitize）されます。これによってトラックや鉄道、バージなど異なった輸送モードへ積み替える作業の機械化が容易になり、積み出し地より荷捌き地までの貿易物流物資の全輸送区間にあってプロセスが合理化され、荷主には輸送コストの節減を、船社には港運の能率向上によって定期運航の確実性などのメリットをもたらし、大量輸送の円滑化と複合輸送の拡大を推

進することとなりました。

また、海上コンテナ輸送によって荷主と船社との運送契約貨物の受け渡し接点が、在来船当時の本船の手すりから港頭地区のターミナルに変わりました。

コンテナ貨物は Lo/Lo、Ro/Ro などのコンテナ専用船あるいはセミコンテナ船など、そのほとんどは受け渡し場所となるターミナルの荷役機器による船積み荷役作業で積み出されています。

コンテナ輸送の利用者が受けるメリットは迅速・安全・低廉などですが、これらを具体化し合理的にこの仕組みを遂行するためには、目的に対応した施設が必要で、そのために大型専用コンテナ船が接岸できる岸壁と、大量の海上コンテナ貨物が円滑に荷捌きできるヤードと、船積み準備作業とコンテナ船積

大型船が接岸中のターミナル

み込み荷役が効率的に実施できる荷役機械類などを設備したコンテナ専用の港湾施設が主要港に建設されました。

　この施設は、本船が接岸できる十分な長さと深さを持つ岸壁と、本船荷役を円滑に行うための接岸エプロン、大量コンテナを集積するための広大なヤード、小口貨物を荷捌きするCFSなどを備えています。わが国では施設用地を東京、横浜、名古屋、大阪、神戸の各港埠頭公社（旧・外貿埠頭公団）から借り受けた特定の船社は、この施設に諸設備と荷役機器を導入し、ターミナルとして全般を管理運営しています。

　船社はターミナルにおける荷役作業と一連のオペレーション業務を「コンテナ埠頭等における荷役の統括管理」を行う港湾運送事業者に委託し、船積みのためのターミナルオペレーションを監督しています。

　わが国のコンテナターミナルで行われる作業にはストラドルキャリア（Straddle Carrier）と、トランステナー（Transfer Craneともいわれる）がターミナルで使用されています。このことから、コンテナターミナルの作業方式はストラドルキャリア方式と、トランステナー方式の2つに大別され、ターミナルのレイアウトも、それぞれの荷役機器に適合したものが採用されています。

4. 荷役機器の概要

　通常の施設のレイアウトはターミナルの搬

出入を点検するためにオフドックの入り口にゲートハウスが置かれ、搬入手続きを進めるトラックスケールがマーシャリングヤードとの間に設けられています。ゲートに近接して中央コントロールタワーといわれるターミナルオフィスがあり、ここでD/Rの受理または船社書類の作成さらには主要な船積み手続きと荷役の管理などが進められています。

　一般的にゲート側面の山側といわれるオンドックの広大なヤードにバンプールまたはCFSなどが設置され、ここで空コンテナの管理あるいはLCL貨物の荷捌きなどが行われています。

　ターミナルの中央部分には主としてマーシャリングヤードがあります。これはとくに区分はされていませんが、船積みコンテナを集積し、あるいは陸揚げコンテナの荷捌きのための整理と配置を行う場所です。

　その他ヤード内には電源を設備した冷凍用コンテナヤード、あるいはコンテナイクイップメントなどを修理点検するメンテナンスエリアなどオペレーションに必要な諸設備があります。また水際線接岸エプロンに面してローディングのためのガントリークレーンとクレーンの移動のためのレールが敷かれています。Ro/Ro船共用ターミナルではRo/Roランプウエー（Ro/Ro Rampway）が設けられるケースがあります。

〈ストラドルキャリア方式〉

ストラドルキャリア

ストラドルキャリアはコンテナヤードに搬入されたコンテナを船積みのためにエプロンに移動したり、本船からガントリークレーンで取り下ろされたコンテナをエプロンからマーシャリングヤードへ移動するなど、コンテナをまたいで両輪の間にコンテナを抱きかかえて運送する構内大型荷役機械です。おもにヤードでコンテナを2、3段に重ねて蔵置保管し、構内のコンテナの移動と作業に効果的に使用されます。

ストラドルキャリアはシャシー方式（Chassis System）に比べてヤードの保管スペースを有効に利用できる半面、コンテナを移送するために必要なシャシーへの積み下ろしがそのつど必要とされるので、その分荷捌き上の手間がかかります。

〈シャシー方式〉

シャシー方式はコンテナをシャシーに積載したままヤード内に蔵置するのでオンシャシー方式ともいわれます。トレーラーヘッド（トレーラーの運転席がついている部分）に

シャシーを接続することによってドレイマンが自由に移送できることから、コンテナオペレーションに効率的とされています。しかしマーシャリングヤードで1台のシャシー上にコンテナ1個が載せられたまま保管蔵置されることから、このオペレーションには広大なヤードスペースが求められ、かつ1個のコンテナに1台のシャシーを設備することから多くの投資が必要となります。

日本ではシャシー方式を採用しているコンテナターミナルは現在ありません。

〈トランステナー方式〉

トランステナーを使用したシステムはストラドルキャリアとシャシー方式の併用といわれています。ヤードにおける蔵置作業をヤード内のレールで走行する門型移動式クレーンを使って、コンテナを移動します。マーシャリングヤードでコンテナを3、4段に高積みできることからスペースの有効利用となりますが、マーシャリングプラン策定作業の複雑

トランステナー

性、ストラドルキャリアと同様にシャシーへの積み下ろしの重複作業を必要とする欠点があります。

このように大別して3つの荷役方法でターミナル内作業が進められていますが、コンテナターミナル以外のライナーバースで積み下ろしされるケースも一部にあります。

〈CFS〉

コンテナターミナル施設の主要な運用業務として、船社が受託したLCL貨物をオペレーターがFCLに仕立てるコンテナ混載業務があり、この作業はコンテナフレートステーション（Container Freight Station：CFS）で行われます。

船社CFSのロケーションはオンドックとオフドックのいずれにもありますが、主要航路の大手船社はターミナル内にCFSすなわちオンドックCFSを設置運用しています。

このCFSは、荷主のLCL個品貨物を搬入し、税関の輸送許可を経て船社が委託したCFSオペレーター（港運業者）によってコンテナ詰めする施設です。主要航路のターミナルは通常関税法上の指定保税地域となっており、オンドックCFSはこの保税地域に包括され、またCFSのオペレーターはターミナルオペレーションを統轄管理する港運業者が一括して運用しているケースが一般的です。

IV 港湾運送業務

1. 概説

　港とはその字が表すとおり水（氵）と巷（ちまた）の結節点であり、港湾運送事業は、海陸交通の結節点である港湾で、輸出貨物の船積み、輸入貨物の荷下ろし、港湾運送、はしけ運送などの物流サービスを提供し、産業活動や国民生活に必要な物資の多くを海外に依存しているわが国の経済活動のなかで重要な役割を担っています。

　港湾運送事業については、1951年に労働力の安定供給と労働者福祉の向上を図るとともに、、港湾運送に関する秩序を確立し、わが国経済の発展にとって不可欠な物流の円滑化を図るために事業法が制定され、各種の規制が行われることになりました。しかし、その後、港湾施設の整備および物流合理化の進展によって、同法制定時においてはみられなかった各種荷役機械、コンテナ船、ロールオン・ロールオフ（Ro/Ro）船などが普及して

荷役作業は近代化され、それに伴う港湾運送形態の著しい変化に対応して数回の法改正が行われてきました。2000年5月には規制緩和の流れの中で港湾運送事業の効率化やサービス向上を目的として抜本的に改正され、同年11月から施行されました。

　この改正によって主要9港（港湾管理者ベースで12港）では従来の事業免許制が許可制になって需給調整が廃止され、2006年5月15日からは9港以外の地方港でも同様に許可制へと緩和され、新規参入を希望する事業者は事業開始のための資格要件が整っていれば、当局の審査を受けて事業許可がもらえるようになりました。料金も従来の認可制から新料金適用の30日前の事前届け出制へと大幅に緩和されました。検数・検量・鑑定も2006年から許可制へと移行し、全国全業種が規制緩和されました。

　港湾運送事業とは船会社や荷主などの利用者の委託によって海上輸送貨物の船舶へ積み

港湾運送事業の種類

一般港湾運送事業 無限定 個品限定（新海貨） 荷主・個品限定（海貨） 一貫元請け 船積み・陸揚げ代理店	港湾荷役事業 一貫・無限定（船内荷役事業・沿岸荷役事業） 船内荷役事業 沿岸荷役事業	はしけ運送事業	いかだ運送事業	検数事業	鑑定事業	検量事業

込み、船舶からの荷揚げ、荷さばき、受け渡し、保管などの業務を行う事業です。揚げ積みする港湾物流において、水際で最初（荷下ろし）と最後（船積み）に貨物を取り扱う業種です。利用者からの委託をうけてサービスを提供し、料金を受け取ります。メーカーが自社の貨物を自社が保有する荷役機器を使って荷役をした場合は自家運送となります。

港湾運送事業は次の7業種に区分されています。

① 一般港湾運送事業
② 港湾荷役事業
③ はしけ運送事業
④ いかだ運送事業
⑤ 検数事業
⑥ 鑑定（検査）事業
⑦ 検量事業

このうち①〜④は荷主または船社からの依頼によって輸出入貨物の船積み・荷揚げ、荷さばき、受け渡し業務など港湾における物流部門を担っている事業です。⑤〜⑦は荷主または船社からの依頼によって港湾における貨物の受け渡しに付随した検査や証明など、いわば非物流部門の事業を行っています。

また、①の一般港湾運送事業は元請け事業者であり、②〜④の事業者は元請けからの委託による下請け業務を行う専業者（現業者）となります。港運業のうち元請け業者（一般港湾運送事業者）は港湾における物流関連の事業を兼業していることが多く、兼業業種としては倉庫業、陸運業などハードを持つ業種のほかに、輸送手段（船舶や航空機）をもたない運送人（Non-Vessel-Operating Common Carrier : NVOCC）といった利用運

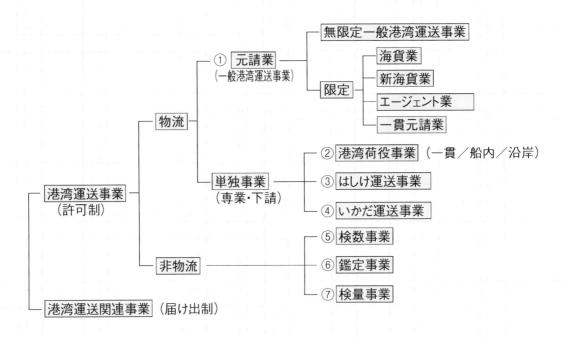

送業や通関業、保険代理店業などが含まれます。

　これらの港湾運送事業のほかにも港湾運送に付随した港湾運送関連事業があります。これは、積み込まれた貨物の固定・積み込み場所の区画づくり・荷なおし・船倉内の掃除・港湾内の貨物の警備を手がける業種です。これらの事業はいずれも届け出制です。

2. 一般港湾運送事業

(1) 無限定

　一般港湾運送事業とは、港湾において、荷主または船会社から委託を受けて、船積み・陸揚げ貨物の受け渡しを行うとともに、これに先行または後続する港湾荷役、はしけ運送、いかだ運送を一貫して行う元請けの事業者（いわゆる一貫元請け）です。港湾運送の元請け業者としての特徴は、荷主・船社に代わって港湾運送の業務を行い、その受け渡しの責任を負います。その際、元請け業者は港湾運送の委託者と港湾運送契約を結びます。取引先によって船社系列（船社より委託）と荷主系列（荷主より委託）に区分されます。

　さらに一般港湾運送事業は、免許上の区分において、業務の範囲の限定の有無によって無限定事業と限定事業に区分されています。前者の

無限定一般港湾運送事業者は、法的な規制（委託者、貨物、業務範囲など）を受けない一般港湾運送事業者（無限定一種業）です。定期船入港港湾ではすべてを営む事業が無限定となります。一方、後者の限定一般港湾運送事業（後述）は、委託者、取り扱い貨物、そのほか業務の範囲が限定される事業のことです。

　この限定の方法は、定期船港湾ですべてを営む事業を無限定とし、1つでも欠ける事業は限定となります（海貨限定、海貨無限定、代理店（エージェント）限定、いかだ一貫元請け限定など）。

　一方、定期船が寄港しない港湾では一貫元請け業しか存在しませんので、それだけで無限定となります。なお一貫元請業は荷主の委託を受けて、貨物の受け渡しに付随する業務を一貫して行います（いかだ運送を除く）が、用船（不定期船）貨物に限定されます。

コンテナターミナル

(2) 限定一般港湾運送事業

①海貨業（荷主・個品限定）

　海貨業は「海運貨物取扱業」の略で「乙仲」は俗称です。定期船入港港湾のみで活動しますから、工業港などには存在しません。荷主の委託を受けて、はしけ、いかだ、沿岸荷役を行います（船内荷役は行いません）。貨物、委託者、作業の業務が限定され、一般定期船の個品運送貨物を取り扱います。倉庫や上屋（手倉ともいう）を保有して輸出貨物の一時保管を行うとともに、荷主の輸出貨物の通関業務も行いますから、倉庫業・通関業を兼営しています。

②新海貨業（個品限定）

　海貨業としては無限定ですが、船内荷役は行いません。上記の海貨業務を行うとともに、荷主のほかに船社からも委託を受けます。コンテナ化の進展に対応して従来の海貨業務のほかに船社 CFS (Container Freight Station) 業務を行うことができるようになりました。CFS では小口貨物のコンテナ混載業務を行います。

③代理店（船積み代理店）業

　代理店（エージェント）業の業務の流れは、船社の委託を受けて荷主から、船社指定の上屋で貨物を受け取り、上屋へ搬入し、荷捌きのうえ一時保管して本船船側まで運び、船社に引き渡します。

　この業務は二つに大別できます。一つは、船社に代わって荷主から貨物を受けとり、沿岸荷役またははしけ運送にかかわる業務を行います。

　もう一つは輸出貨物の受け渡しに伴う手続き業務で、事務部門では輸出入関係事務、船会社への請求・下請けへの下払いなどです。通常、倉庫業を兼営しています。

3. 港湾荷役事業

　もともと船内荷役と沿岸荷役は別の業種でしたが、コンテナ化の進展で本船と岸壁の区別がなくなって一貫荷役方式が一般化したため、1984（昭 59）年の港湾運送事業法の改正で、従来、船内荷役と沿岸荷役に区分されていた 2 つの業種が統合された事業です。もっとも在来船荷役では、両者は従来通り区分されています。

(1) 船内荷役事業 (Stevedoring)

　船内荷役事業は輸出の場合、港湾で輸出貨物の本船への積み込みを行います（クレーンまたは本船デリックを使用）。在来船における船内荷役は、バースターム（定期船、個品運送貨物）の場合は船社の指図と費用負担で行います。

　実際の作業は元請けの一般港湾運送事業から下請けとして港湾荷役業者が引き受けて行います。

　コンテナ船の場合、コンテナヤード内の本船船側岸壁にあるコンテナにフック掛けしてから、ガントリークレーンのスプレッドで吊

本船への積み込み

り上げ、船倉内または甲板上の積み付け場所に置くまでの作業工程が「船内荷役」となります。コンテナターミナルオペレーションの中の最終段階の作業となります。

　一般の在来型貨物船の場合、本船船側の岸壁上、またははしけ内にある貨物にフック掛けし、船舶のデリックまたはクレーン、あるいは重量物についてはフローティングクレーンなどを使用してスリングで吊り、船倉内または甲板上の積み付け場所に置くまでが「船内荷役」となります。元請けの指示・監督のもとで、フォアマン（もしくはスーパーバイザー／本船荷役作業の総監督）の指揮によって１グループの作業員（ギャングという。１ギャングあたり十数人）が作業を行うので、コンテナ船の場合に比べてより多くの船内作業員を必要とします。

(2) 沿岸荷役事業（Longshoring）

　船内作業員が積み込み作業をするエプロンまでの、あるいは陸揚げ貨物がエプロンを離れてからの埠頭（ターミナル）内でのあらゆる荷役作業を引き受ける。

　在来貨物では、埠頭内の上屋に運び込まれた貨物を船積み用に荷さばきし、一時保管後船側まで移送、船内作業員がフックをかけられるようにするまでの作業を受け持つ。

　コンテナ貨物ではCFSに持ち込まれた小口貨物（LCL）を混載してFCLに仕立て、コンテナヤードに移送して仕向け地別に整理し、本船到着後ガントリークレーンの下まで運び、船内作業員に引き渡す。

　FCL貨物は直接コンテナヤードに搬入し、仕向け地別に整理した後、ガントリークレーン下まで移送する。

4. はしけ運送事業

　はしけ運送には、大きく分けて３つの形態があります。

　１つは、同一港湾内で行われる貨物の船舶またははしけによる運送。この場合の船舶は、実態からみて、エンジンのついた小型船舶（機付きはしけ）であることが多い。

　２つ目は、指定区間で行われるはしけによる運送。指定区間としては、港湾と港湾、または港湾と港湾水域以外にある場所が具体的に、たとえば、京浜港と千葉港との間とか、大阪港と神戸港との間などと近距離のルートと列挙されています。

　３つ目は、同一港湾内または指定区間で行われる引き船によるはしけ、またはいかだに

よるえい航です。

　輸出貨物を「はしけ運送」するケースとしては、倉庫、上屋、工場棟の岸壁ではしけに積み込まれた貨物を、外航本船船側まで運送するなどが考えられます。陸上をトラックでしか運送することができないような容大品、重量物、長尺物は、はしけによる運送が威力を発揮します。もっとも、最近は一般貨物について「はしけ運送」を行うケースはほとんどなくなってきています。コンテナ化の進捗、港湾施設の整備による経岸荷役が主流になってきたためです。

　一方、外航フィーダー・コンテナをはしけで運送する事業（コンテナバージ）が2006年から東京湾などで行われています。

5. 検数事業
(1) 検数の定義

　検数事業は、他の種類の港湾運送事業とはかなり性格を異にし、鑑定や検量事業と同じく必ずしも運送の概念になじまず、船積みの過程で必要となる証明を行っています。

　1969年の法改正に当たり、海上運送法から港湾運送事業法に移されました。その定義は「船積み貨物の積み込みまたは陸揚げを行うに際してする、その貨物の個数の計算または受け渡しの証明」を行うということで、船舶貨物の数量が輸出入の申告と合っているか、つまり、積み地での書類に書かれた数量と合っているかなどを本船などでの受け渡し作業現場に立ち会ってチェックし、第三者として証明する行為を指します。

　コンテナ輸送によって受け渡しの場所も変化し、船舶の舷側での受け渡し検数を行う―はしけの積み込み・陸揚げ、保税上屋（倉庫）での戸前受けや荷捌きに際する立ち会いをはじめ、CFSでのVanning（コンテナ詰め）やDevanning（コンテナ出し）、あるいは、内陸での貨物受け渡しに際する立ち会いなど、保管、運送、荷役といった物流における各接点での立ち会いと証明を行う事業が検数事業です。

(2) 検数業務と検数人

　検数事業に職業として従事する者を検数人といい、業界では検数員またはチェッカー（Checker）ないしタリーマン（Tallyman）と呼ばれています。

　検数人は海事公益事業協議会（現日本鑑定検量協議会）による3カ月間の教育訓練を経て認定試験に合格すると、国土交通省（地域ごとの運輸局）に登録され、検数人手帳が発給されていましたが、2005年の法改正で検数人の登録は廃止されました。

　検数人はチェックの結果をもとに荷主、海運会社など貿易関係者にとって重要な書類となるタリーシートを発行することになっています。タリーシートとは、1) どんな貨物を、2) どんな状態で、3) どれだけの量があるかを確認し、関係者に証明するために記録した貨

物受け渡し時点でもっとも重要な書類です。

　現在は一般社団法人の全日検（旧 全日本検数協会）と、日本貨物検数協会の2団体が港湾の代表的な検数機関で、全国に支部・出張所があります。この検数行為は港湾だけでなく陸上での事業も行います。

　貨物受け渡しの証明は、シップサイドとドックサイド、つまり海上運送契約に基づいた貨物の受け渡しが、運送人である船会社によって完全に履行されたことを立証するために、船会社側の立場で行うものと、荷主（港運業者）が船積みや荷下ろしを行うに際に完全に受け渡しをしたことを立証するために荷主側の立場で行うものがあります（業界では船積み、船下ろしに前後したはしけ積みや倉庫への搬入、搬出などもドックサイドと一般に呼ばれている）。

　それぞれの代理人として委託を受けて双方が立ち会い、貨物のマーク、個数、荷姿、品名、外装から認められる貨物の状態などを点検・確認し事実を証明します。

(3) 貨物受け渡しと検数の実際

　輸出入契約は書類による取引であり、それに続く諸手続きも書類で処理されていく一方で、貨物は工場～倉庫～輸送のルートで港頭地区まで運ばれ、ここではじめて書類と貨物が顔を合わせることになります。この時点で、船積み・荷下ろしなどの書類と貨物を照合し、確認するのが検数です。

〈輸出検数〉

① 在来船の積み込み検数

　貨物は接岸荷役の場合、指定の上屋に搬入される際に、荷受けの検数が行われます。沖またははしけからの積み込み荷役の場合は、はしけへの積み込みの際に、ドックサイド検数人によって検数が行われます。

　ⓐシップサイド検数（運送人側の依頼）

　船積み荷役中および荷役終了後の報告には次のような書類があります。

・Daily Working Report（荷役進行状況報告書）

・Exception List（Remark 付き M/R 発行の報告書）

・Hatch List（本船倉内の Shipping Order：S/O 別積み付け場所などの明細書）

・Heavy/Lengthy Cargo List（かさ高、長尺貨物の S/O 別積み付け場所明細書）

・Container Cargo List（在来船、混載船の積み込み場所などの明細）

・Shifting Cargo List（積み付けの都合で貨物を移動の際作成）

・Cargo Stowage Plan（積み地・揚げ地・積み付け場所別に個数、荷姿、品名、トン数を本船断面図に詳細に記載した図面）。この図面は、絶対不可欠の書類であり、船会社から揚げ地各港にただちに Air Mail される。

081

ⓑドックサイド検数（荷主側の依頼）

・艀積報告書（はしけで回漕する場合の はしけへの積み込み日・時・天候、個 数その他を記載）

・本船積報告書（はしけで本船積みした 場合の日・時・天候、個数その他を記載）

・Exception List

②コンテナ船関係の検数

コンテナ貨物の検数も基本的には変わり ありません。ただし、運送人の運送責任区 間がCYでの引き取りになることと、荷主 によってバンニングされるケースがある ために、コンテナ関係の検数業務はCYや CFSによって多少の相違はあるが、大き く分けると、1）CFSでの船会社責任によ るバンニング、2）CYにおけるオペレー ターの補佐的業務、3）内陸での荷主責任 によるバンニング作業、ということになり ます。

貨物の受け渡しの際に個数や外装状態を チェックして損傷があれば、その旨リマー ク（摘要）をつけて受け渡しするのは在来 船と同じです。ただし、受 け渡しは直接荷主（代理人） との間で行われます。

ⓐCFSにおける検数

イ．搬入貨物の荷受け

CFSの戸前で、仕向 け地、マーク、荷姿等 をドックレシート（D/

R）と照合して、ロット別に検数する。

ロ．貨物のバンニング

搬入され、仕分けされている貨物の コンテナ詰め検数で、空コンテナの確 認、シールによる封印の後、関係書類 を作成する。

ⓑCYにおける検数

FCL貨物は、荷主によってバンニン グされ、D/R、コンテナ内積付表（CLP： コンテナ詰め貨物の明細書）、輸出申告 書（E/D）とともにCYに搬入される。 したがって、貨物自体に対する検数は行 わないで、ターミナルオペレーターが全 般の管理運営を行うに際しての補佐的業 務を行う。例えば、D/R、E/D、機器受 渡証（E/R）、コンテナNo、シールNo などの照合や、異常が発見されるとリ マークをつけて、D/RのException欄 に記載署名する、などのゲート業務。

ⓒ内陸での荷主バンニングの検数

CFSの場合とほぼ同じで、バンニン グ作業手順に従って、CLPなどの関係

CFS

書類に必要事項を記入し作成する。

公認検定機関としてバンニングした貨物に証明書を発給しているのが特徴。

（4）物流の中で検数が果たす役割

検数事業を港湾運送事業法と貨物受け渡し検数の実際面から広義に解釈すれば、貿易契約諸条件のうちとくに数量条件（Quantity Terms）について関係し、個数が契約通りであるかどうかを確認し、証明することが検数であり、関係者・機関とのかかわりのうち、おもなものでは次のような点で密接な関係をもっているといえるでしょう。

① 検数と B/L

在来輸送の輸出では、シッピングオーダー（S/O）と貨物を対照確認し、水際で個数の過不足や破損などを発見して事故を未然に防止し、メーツレシート（M/R）に責任をもってサインすることによって貨物の状態に問題ないことが確認され、この確認があることによって本船の一等航海士の M/R へのサインへと引き継がれていきます。

検数の結果（個数過不足や破損などの有無を確認）によって Clean B/L となるか Foul B/L になるかに分かれるので、検数の責任は重要です。輸入でも、B/L と引き換えたデリバリーオーダー（D/O）、または M/R によって B/L ごとに貨物を仕分け確認し、ボートノート（B/N）で受け渡し

の証明をしており、輸出同様に輸入でも検数実務は B/L と密接なつながりをもっています。

② 検数と税関

輸出では、貨物の船積みに際しては貨物が輸出申告書通りであるかについて検数を行い、個数を確認し、M/R 面に積み込み日、積み付け場所などの事実を記載して、一等航海士のサインを受け、税関に提出しています。

輸入では、関税法施行令第 15 条で「外国貿易船から外国貨物の船下ろしをした場合においては船卸票またはこれに代わる書類を提示すること」とされています。

以前は、乗船税関職員が検数人の Tally Sheet をもとに荷下ろしを確認して通関用のボートノート（B/N）を発行していましたが、現在は検数人が作成し、本船の一等航海士の署名を得て発行しています。本船から陸揚げ地までの運送には検数人の作成した B/N がなければ運送できません。

また、税関ではこの B/N によって積み荷目録（Manifest）と照合し、荷下ろしの事実、数量の確認や貨物の取り締まりを行っています。

③検数と保険

貨物に事故が発生した場合、荷主は船会社などの運送人に対してクレームの手続きをとり、その後保険会社に求償の手続きのため Claim Letter を準備しますが、クレー

ムの内容によっては下記のような検数人が作成する立証書類を添付しなければなりません。

ⓐタリーシート（Tally Sheet）

この書類については先に何度か触れましたが、①どんな貨物を、②どんな状態で、③どれだけあるかを確認し、関係者に証明するために記録した貨物受け渡し時点でのもっとも重要な書類です。

ⓑボートノート（Boat Note）

本船と荷主の間での在来輸入貨物の受け渡しを証明する書類であり、荷下ろし日、積み付け場所、はしけ名、陸揚げ場、個数、荷姿、荷印、品名などのほかに、貨物の事故の種類およびその程度を記載しています。

ⓒ Rechecking Report（再調報告書）

Boat Note に過不足詮議（Over または Short in Dispute）のリマークがついた場合、水切り場所（陸揚げ場）で再検数をしますが、その再検数の結果が記載されています。

ⓓ沖取り報告書、陸揚げ報告書

沖取り報告書は、荷下ろしの報告書で、本船からはしけに揚荷された際に作成され、陸揚報告書ははしけから陸揚げ（水切り）の際に作成される書類で、どちらもドックサイド検数が作成し荷主に報告します。

検数人が作成する書類は、船会社、保険会社に対するクレームに利用されるばかりでなく、貨物の事故について訴訟が起こった場合、裁判所に提出され、重要な証拠書類としても利用されます。また、現実に貨物をチェックし荷役の状況も知りうる立場にある検数人は訴訟の際に証人として出廷することもあります。

6. 鑑定事業（検査）

(1) 鑑定事業の定義

鑑定事業は港湾運送事業法によって「船積貨物の積み付けに関する証明、調査及び鑑定」と規定されています。免許事業でしたが、2006 年の同法改正で許可制となりました。

鑑定業務を行う鑑定人（Surveyor）の登録制は廃止されましたが、その業務内容は広範囲にわたり複雑であるため、鑑定人には長年の経験と高度な知識と技術が要求されます。

(2) 鑑定業務の種類

輸出貨物にかかわる鑑定業務は次のようになっています。

①積み付け検査

（Loading & Stowage Survey）

本船積み込み時の貨物の状態を確認し、積み付けが完全に行われたことを証明することです。貨物が倉内の場所に適切に積載されて安全に目的地に到着するよう必要とあれば保全作業を行うよう勧告します。船社の委託によって行われますが、荷受人に

対し船積み時の貨物現状を証明するため、荷主の立場からも本検査を受けることが望まれます。

　コンテナ化が一般化した現在では、在来船への積み付け検査は著しく減少しました。コンテナ詰め検定が荷主の要請によって行われているのはこの本検査の変形といえます。とくに揚げ地で錆（さび）の問題が発生する鋼材類、航海中の移動防止を要するプラント類や重量物、取り扱い中障害の起きやすい自動車などの本船積み込みには、荷主の依頼で本検査が行われています。

②貨物損害検査（Cargo Damage Survey）

　輸出貨物がメーカー倉庫から港頭地区保税上屋、倉庫その他の保管場所経由で本船に積み込まれるまでの間に何らかの損害が生じた場合、保管業者、運送業者に責任がある時はそれぞれに損害賠償請求を行うことになりますが、通常は付保されているので保険によって処理されます。この場合、ただちに保険会社に一報し、鑑定機関の検査員に損害の原因、程度の調査、損害額の査定をしてもらうことによって保険求償の手続きが容易になります。

③喫水検査

　船舶に積載されるばら積み貨物の重量を船舶の船首尾および船央の喫水線の読み取りと各種計測データをもとに排水量から重量を算定して証明します。売買契約上の受け渡し数量、運賃算定の基礎数量などに使用されます。

④本船、はしけの液量検定、清掃検査

・液量検定は船舶に積載されている液体貨物の容積および重量を算定します。売買契約上の受け渡し数量、運賃算定の基礎数量などに使用されます。

・本船またははしけ油槽の清掃状態も検査します。積載予定の貨物の他の貨物との混合、汚染などを防止し、貨物の品質に対する安全性を保つための検査です。

(3) 検査業務の種類

　輸出貨物にかかわる検査業務として次のようなものがあります。

①貨物現状検査
　　（Cargo Condition Survey）

　輸出に際し貨物の現状（性状、品質、数量、包装など）を検査し、売買契約に沿っているか否か、あるいは海上運送に適した梱包であるか否かを確認する。信用状（L/C）で本検査が要求される場合や、荷受人との後日の紛争を避けるために行われます。

②製品検査

　①項の貨物現状検査と同様の目的のため、プラント類、各種機械、器具などの製品類はとくに契約上の仕様書どおりに製造されているか否かを詳細に点検確認し、数量、荷姿も契約通りであるか否かを検査します。本検査は当該貨物の種類によって機械、電気、冶金、化学、物理、工学、製鋼

085

などの専門検査員が検査することが望まれます。

③見本採取（Sampling）

　輸出貨物についてその品質が契約条件や規格に合致しているか否かについて判断する基本的なデータを提供するものとして、荷受人との後日の紛争を避けるために有効です。

④危険物収納検査

　「危険物船舶運送及び貯蔵規則」によってコンテナの収納に際し検査を義務づけられた各種危険物については日本海事検定協会に検査の申請をし、同協会検定員による検査を受けることになります。コンテナ詰めが船舶運航者により行われる場合を除き、荷送り人が検査の申請者となります。危険物の容器、包装、標札、収納方法について検査がなされ合格であれば検査証が交付されます。

　輸出貨物にかかわる検査としては前記②、③のようなものがありますが、それぞれの

コンテナX線検査

目的により国際的並びに信用と権威のある鑑定検査機関（例えば日本海事検定協会など）に依頼して検査を受けて報告書（Survey Report）を取り付けることが、貨物輸出を円滑に行い問題発生の場合に正当な利益を守るために必要です。

7．検量事業
（1）検量事業の定義

　検量事業は港湾運送事業法では「船積み貨物の積み込みまたは陸揚げを行うに際してする、その貨物の容積または重量の計算または証明」と規定されています。事業法上でいう検量事業には船積み検量と陸揚げ検量があり、これらの業務には検量人（Sworn Measurer）があたります。検量人とは公正な第三者として貨物の容積・重量を計測して証明する者のことで、以前は登録制でしたが2005年の法改正で廃止されました。

　この指定を持つ検定機関は一般社団法人の日本海事検定協会と一般財団法人の新日本検定協会の2社です。

（2）検量業務の種類

　港湾運送事業法上は船積み検量と陸揚げ検量に二分されます。

　①船積み検量

　輸出貨物の容積・重量の計算を船積み検量といいます。この指定を持つ検定機関は一般社団法人の日本海事検定協会と一般財

団法人の新日本検定協会の２社です。

②陸揚げ検量

　輸入貨物の通関手続きのための数量証明、または受け渡し／決済のために行われる検量です。貨物ごとに類別されて重量または容積が証明されます。

　輸入貨物の数量証明でも、本船の喫水測定による貨物量の計算や、液体貨物のタンク容量表による計算などは、事業法上は鑑定に分類されています。

（3）認証検量業務の種類

　この業務は検量業務と不可分の関係にあり、輸出貨物にかかわる認証検量業務として次のようなものがあります。

①コンテナ詰め検定

　空コンテナの状態検査、詰め込み時の貨物の状態、荷姿、荷印、個数などの確認、貨物詰め込み後のコンテナへの封印といった一連の作業に立ち会い、これらの諸事実を証明して誤積みを防止する業務。

　この証明は荷主にとって後に貨物の過不足その他の事故があった場合の有効な基礎証拠となり、受け渡し、保険求償、通関などに役立ちます。

②入庫検定

　内陸のメーカー物流倉庫、港頭地区の倉庫などで搬入貨物の検量とともに在庫管理に必要な書類をコンピューターによって処理する業務。搬入貨物の検量後発行される

入庫報告書には貨物の容積、重量、その他の必要事項が記載されており、これによって荷主、関係者は海上運賃や関係諸費用の計算基礎となる確定トン数をあらかじめ知ることができ、船積み関連書類を早期に作成することができます。

　在庫に際しても入庫時の正確な検量データによってバンニングプランの作成、必要とするコンテナの手配などに役立っています。

（4）検量業者の実務

　海貨業者は船社へ船積み申し込みのため船積み申請書（Shipping Application：S/A）（またはD/R）を提出しますが、S/A（またはD/R）に記載する容積／重量は検定機関によって証明されたものでなければなりません。検量後、荷主に対しては要求によりCLM（Certificate and List of Measurement and/or Weight：容積重量証明書）が発行されます。

　変更されたB/L上のマーク、荷姿、個数、容積、重量を訂正する場合、まずCLMから訂正を求め、船社に提出するのが順序です。これはCLMが容積、重量の証明であるばかりでなく、現品と船積み書類との照合確認の書類でもあるからです。

① 一般検量の手順

　ⓐ検量の申し込みには次のものが必要です。

　S/A、またはD/R（S/Iでもよい）

　　　Packing List（梱包明細書）

　　　在庫場所、入庫月日、入庫番号

　　　看貫作業員

　ⓑ検量終了後 S/A（D/R）への証明が行

　　われる。

　ⓒ検量費用

　　　検量基本料　　　船社負担

　　　付帯費用　　　　荷主負担

　　　（看貫作業員、出張料、CLM 料金など）

②入庫時の検量

　海貨業者やターミナルオペレーターが検

定機関と特約して貨物の受け入れ場所で入庫検定を実施している例が大半です。この場合、検量人が常駐し、上屋戸前に貨物が到着した時に貨物送り状、梱包明細書によって検量します。検量結果は入庫報告書に記載して発行されます。S/A または D/R が作成される時点で、入庫時の検量結果を集合、分割して S/A 単位の容積、重量が計算され、前項ⓑの証明がなされます。

V 通関業務

通関業法と通関業者

1. 港運業者と通関業者の関係

　通関業者（Customs Broker）は通関業法によって管轄地域の税関長から許可を与えられ、他人の依頼に応じて輸出入貨物の通関を業として携わる者をいいます。港湾運送事業法でも港湾運送事業を営む者は、保税地域における外国貨物の保管、荷役、港湾における船舶からの外国貨物の積み下ろし、または船舶への外国貨物の積み込み作業に従事することができます。そのために貨物の取り扱い上、どうしても外国貨物の輸出または輸入にかかわることになります。そうすると貨物の輸出入通関という関税法にかかわる事務手続きに携わることが必要となってきます。この結果、ほとんどの港湾運送業者は通関業をそのサービスの一つとして提供しています。多くの港運業者はこのほかにも船舶代理店、倉庫業、航空貨物取扱業、国際複合輸送サービス（NVOCC）などを兼業しています。一方では専業の通関業者も見受けられます。

　輸出入の貨物の移動には、港運業者がかかわり、その中の港運業務の一つが通関業務ということになります。荷主と運送会社、とくに外国貿易船の運航船会社との間にあって、輸出入貿易業者のために通関および港湾における貨物の取り扱い作業を含めての事務手続きをスムーズに代行してくれるのが通関業者といえるでしょう。

　通関手続きは 1990 年代からコンピューター化が進み、監督税関や支署と関係事業者が通関関連業務をオンラインで処理する NACCS（後述）で結ばれ、現在では海上輸出入貨物のほとんどがこのシステムによって処理されています。NACCS は時代の流れとともにそのシステムが更改され、現在は 2017 年 10 月 8 日から稼働を開始した第 6 次のバージョンとなっています。2025 年 10 月からは第 7 次に移行する予定です。

2. 通関業とは

　通関業とは、他人の依頼により、輸出入貨物の申告、保税申請、関税の確定・納付に関する申告や書類の作成、法的処分に対する不服申立の代行などを業として行うことで、通関業を営もうとする者は財務大臣に申請して許可を受けなければなりません。以前は申請者が通関業を営なもうとする地域を管轄する税関長でしたが、後述する通関業法の一部改正にともない財務大臣への申請に変更されました。

3. 通関業務とは

　通関業法は 2017 年に改正されましたが、基本的な目的は変わらず、その第 1 条で以下の 3 点を目的としてあげています。

(1) 通関業者の業務の規制、通関士の設置などの必要な諸手続きを決めること。
(2) 通関業務の適正な運営をはかること。

089

(3) 関税の申告納付や通関に関する手続きの適正化とスピードアップを図ること。

このような目的のもと、通関業法では通関業務を次のように定義しています。

(1) 関税法その他関税に関する法令に基づき税関官署に対する申告または承認申請から許可または承認を得るまでの通関手続きを他人の依頼によって行う。

　①輸出、または輸入の申告業務を行う。

　②外国との間を行き来する船舶、航空機へ船用品、機用品の積み込みの申告を行う。

　③保税蔵置場、保税工場、総合保税地域に外国貨物を置くこと、保税展示場に入れる外国貨物にかかる申告を行う。

(2) 関税法、その他関税に関する法令によってなされた処分についての税関長、財務大臣に対する不服申し立てを行う。

(3) 通関書類の作成を行う。

　要約すると、荷主の代理人として通関書類を作成し、1) 輸出および輸入の申告、2) 船舶および航空機への貨物の積み込みの申請、3) 外国貨物を保税地域へ搬入するための申告、といった通関手続きをすることです。

4. 通関業の許可基準

　通関業を申請した者に対して次の許可基準が通関業法によって規定されています。

(1) 経営の基礎が確実であること。申請者の資産内容が充実し、繰越欠損金がなく当期利益をあげていて収支の状況が健全で、か

つ通関業務に必要な設備が整っている。

(2) 人的構成に照らして通関業務を適正に遂行する能力と十分な社会的信用を有すること。申請者の役員、通関士、従業者が過去に関税法やその他関税に関する法令の違反がないなど法令順守の意識が高く、通関士や従業者が通関業の十分な知識と通関書類などの実務経験をもち、法令順守のための社内管理規則を整備している。

(3) 通関士設置の要件を満たしていること。通関業務を行う営業所ごとに通関士を置くことが義務付けられています。これは、申請の際に通関士試験合格者をすでに雇用しているか、または通関士試験合格者を雇用することが雇用契約などで確実と認められる場合をいい、単なる見通しは含まれません。

ただし、復権していない破産者、禁固刑の執行が終わって3年以内の者、などには許可されません。成年被後見人または被保佐人（禁治産者または準禁治産者）も欠落事由になっていましたが、厚生労働省による2017年度の第一期成年後見制度利用促進基本計画を受けて、「成年後見人制度に係る通関業法上の欠格条項」を見直して通関業法上の欠格事由から "成年被後見人または被保佐人" を削除し、"心身の故障により通関業及び通関士の業務を適正に行うことができない者" という実質的な規定に改められました。

5. 通関業法の改正

　NACCS（輸出入・港湾情報処理システム）の定着とAEO（認定事業者）制度（後述）の定着とともに通関業のあり方や制度が2017年を境に大きく変容しました。財務省関税局・税関では17年10月8日にNACCSの更改（第6次）と合わせて、AEO制度に則ったAEO輸出者/輸入者およびAEO通関業者（認定通関業者）を対象に、輸出入申告官署を自由化するとともに通関業法も改正・施行しました。AEO認定事業者が対象とはいうものの、ほとんどの事業者がAEOの認定を取得する方向にあるなかで、通関業者全体にあてはまるものといえます。

(1) 申告官署の自由化

　従来、輸出入貨物の通関は貨物が蔵置されている保税地域を管轄する税関官署に申告することが原則でしたが、その原則を維持しつつも、AEO輸出者・AEO輸入者・AEO通関業者は全国どこの港でも申告を行うことが可能となりました。これによって通関業者はいくつも抱える通関営業所（窓口）を集約することで業務の効率化につながります。

　輸出入者がAEOの認定を受けていなくてもAEO通関業者に業務を委託することによって自由化申告を行うことができます。ただ、自由化申告はNACCSを通じて行うことが原則となっており、書面による通関関連書類の提出は対象外です。

(2) 営業区域制限の廃止

　申告官署自由化に合わせて通関業者が1地区での通関業許可によって全国どこでも通関業務ができるよう需給調整条項とともに通関業営業区域制限を廃止しました。全国1本の許可にし、それに伴い許可権限も従来の管轄税関長単位から財務大臣へ移譲しました。

　また、AEO通関事業者の営業所新設は税関長の許可制（一般の通関業者は許可制のまま）から財務大臣への届け出になり、さらには通関営業所以外での通関業務も一定の条件のもとで可能（自宅を営業所の一部と見なした在宅勤務も容認）となりました。

6. 通関士

　通関士は他人の依頼に応じて税関官署に提出する通関書類についてその内容を審査し、審査をしたという意味で記名押印をしなければなりません。審査にあたっては高度な専門知識が必要なので通関士になろうとする者は通関士の国家試験に合格することが義務付けられています。通関士試験の科目は次のとおりです。

①関税法、関税定率法その他関税に関する法律及び外国為替および外国貿易管理法
②通関書類の作成要領その他通関手続きの実務

③通関業法

　通関士試験に合格した者を通関士といい、いずれの税関の管轄区域内においても通関士として仕事をすることができます。

7. 通関業者の責任

　通関業者は通関業務の代理権を法によって認められている許可業者です。荷主の依頼によって通関業務を代行します。通関手続きは関税法などの法律を順守しながら関税の申告納付その他貨物の通関に関する手続きの適正かつ迅速な実施を確保しなければなりません。犯則に対しては厳しく罰せられます。

　法人である通関業者の代表者または個人業者たる通関業者みずからが違反した場合のほか、従業者などが違反した場合で、その違反が通関業者の業務に関して行われ、またはその結果が通関業者に帰属する場合は通関業者の違反となります。

8. 通関業者と海貨業

　前述の通り、港湾関連事業者は港湾運送事業の一環として通関業を兼業しています。また、国内外の事業者と業務提携している会社も多いので、荷主は輸出入について包括的な輸出入の本船スケジュールを担当窓口と打ち合わせをしておけば、本船の入港までに貨物の輸出入全般について一貫処理をしてもらえます。この輸出入貨物の取り扱い部門について

て、通常港湾においては海運貨物取扱業者、通称海貨業者と呼ばれ、以前は乙仲といわれたこともあります。

9. 海貨部門と業務処理組織

　海貨業者の中には海上貨物輸送に関連する兼業部門をもっているところが多く、これらの部門との連携によって船積みまでの作業や事務手続きを効率的に処理しています。それぞれの企業によってシステムなどが異なっていることもありますが、おおよそ以下のような業態となっています。

(1) 営業部門

　海貨業者の窓口でかつ総括部門。荷主に対して営業活動をし、海貨業者としては最重要な部門です。

　荷主から貨物の輸出入に関する情報を入手し、代理店、ステベ、沿岸荷役、倉庫、通関、輸送などの部門へ連絡をします。必要書類を入手して、関係部門へ配布し、貨物の一貫輸送体制を整えます。船会社や検数業者などの関係先への手配も怠りなく済ませます。

(2) 代理店部門

　船舶（航空機）の入出港についての関係官庁への所要の連絡、届け、許可申請に対する手続きを船会社や荷主に代わって行います。

(3) ステベ部門（港湾作業）

本船の積み荷、揚げ荷を本船、船会社と打ち合わせます。

(4) 運送部門

貨物の保税運送を手配します。輸出入貨物の保税蔵置場から本船船側まで、またはその逆の保税運送を行います。このほか積み下ろしまたは搬入貨物について、正確な品名、数量などを把握します。

(5) 倉庫部門（保税部門）

荷主の指示に基づいて、倉入れ、倉出し、仕分け、選別、数量、荷印など確認し、保税蔵置場に搬入（出）します。関税法にのっとって貨物の保管状況を記帳し、保管し、または搬出を行い、保税貨物を管理します。通関は倉主が記帳した品名、数量をもとに行われます。荷主は通関業者に絶対の信頼をおいているので、責任は重大です。

10. 輸出入通関の実務担当部門

税関に輸出入貨物を申告し、書類審査、貨物検査を経て許可までを見守り、その後の所要手続きまでを担当するのがこの部門です。後述の輸出通関制度で詳しく説明しますが、通関は関税法関係および他法令などに準拠して行われなければならず、これらの法令に習熟していなければ適正で迅速な通関業務は遂行できません。この部門では高度の知識が要求されるので、その業務への対応はさまざま

ですが、大筋では以下のように職務が分担されています。

(1) ドキュメント担当者

荷主から送付されてくる通関関係書類（Shipping Instruction など）を収受して点検し、不足書類については取り寄せ、疑義の解明など所要事項について早急に調べ本船スケジュールに間に合うよう書類を整えます。

一方で保税地域への搬入関係書類を取り寄せます。他法令に該当する場合は必要に応じて当該品の手続きを行わせます。

(2) 申告書作成担当者

ドキュメント担当者から回付された関係書類をもとに輸出（入）申告書を作成します。統計品番号の所属、および他法令該当の有無について確認します。なお、輸出（入）申告は、同一統計品目表番号のものは同一欄に記載しますが、品目多数の場合は集合表を作成する必要があります。

輸出申告書は誤記を避けかつ能率的に行うため、通常専任者が担当します。記載し終わったものを入念に点検のうえ関係書類とともに所定の順序にセットし通関士に回付します。

(3) 通関士

通関士は国家試験合格者で通関士欠格事由がないと税関長の確認を受けた者です。その審査押印は、例外的な場合を除き、法定要件

093

とされており、当該申告書類についての実質的な責任者です。通関士は関係書類の完備、記載の正確さなど法適合性について審査し、記名押印して通関業責任者に提出します。

(4) 通関業責任者

通関業責任者とは、社長またはその代理権を与えられた者で、その使用印鑑とともに税関に届け出された者です。所要の点検を行い、記名押印をして税関に提出することを従業者に指示します。

(5) 通関業務従業者

通関業者が行う通関手続きのため税関に出入りできるのは通関業責任者、通関士のほかは税関から通関業務従業者証票を交付された従業者に限られています。その業務内容は次のように多岐にわたっています。

① : 関係書類を点検し、税関の質問や指摘に対して十分対応ができること。

② : 通関税関で申告品目の担当窓口に申告書を提出する。この際とくに口頭で申述、説明しておくべき事項または場合に応じ、荷主が臨時開庁によってでも早急な通関を望んでいることなどについて述べておく。

③ : 従業者は、申告許可までの間、当該税関に常駐し、当該通関業務の進行を見守り、税関職員の質疑、指摘に応答し指示を履行する。

貨物の持ち込み検査が行われるときは、税関の指示に従って貨物を保税蔵置場から税関検査場に持ち込んで検査に立ち会い、終了後当該保税蔵置場に戻す。保税蔵置場で行われる現場検査にも立ち会う。なお、荷主から当日中に許可を得るよう求められているときは、状況により臨時開庁の承認を受ける。

④ : 許可適状となるためには、輸出については特別の手続きを必要としないが、輸入の有税品については、従業者が納税適格となったことを確認して当該税額を銀行に払い込み、その領収書を税関の許可担当窓口に提示しなければならない。

⑤ : 許可書の交付を受けたときは、従業者はただちに自社の通関部門に報告し、当該許可書は搬出の際の重要書類であるため当該貨物の蔵置の保税蔵置場に届ける。なお、後日当該許可書を回収するが、輸出許可書のうち減免戻し税または税の還付にかかわるもの、または積み戻し許可書は、回収後ただちに当該許可部門に提示する。

11. 通関業務料金

通関業務料金制も、目安になっていた最高額およびタリフ表を設定し財務大臣が決めて掲示する規定を廃止し、サービスやコストに応じて自由に設定できるように、いわば自由化したほか、通関士の専任要件を緩和し通関

業者の自主判断に委ねています。

輸出通関制度

1. 概要

　輸出貿易手続きはおおよそ次のような順序になります。

(1) 売り主と海外の買い主との間での輸出契約（売買契約）締結

(2) 輸出品の国内における仕入れ

(3) 輸出検査

(4) 輸出通関

(5) 船積み・輸送

(6) 代金の決済で完了

　一方では銀行、海運、保険、倉庫、税関、領事館、商工会議所、その他各種の指定検査機関と連絡を保ち、他方では為替管理、貿易管理ないし輸出制限品との関係から、財務、経済産業、農林水産、厚生労働その他関係官庁の許可、承認を求める必要があります。

　貨物が輸出される最終段階で、税関が関税法、関税定率法、そのほか各種の輸出貿易管理関係法律の目的または規制に従い、秩序ある輸出が行われているか否かについて現物に即した審査、検査、確認を行う体制が取られているので、関係法令に基づく許可、承認、証明の手続きは輸出通関手続き前に完了している必要があります。

　通関にあたっては、輸出貨物をまず保税地域に搬入するため、関係書類を取りそろえて税関に輸出申告しなければなりません。

　税関では必要に応じて貨物の検査のほか、書類上の審査で確認し、適法のものについては輸出許可を与えることになっています。この際、関税の軽減、免除、確定されるもの、または関税の還付を受けるものについては特別の手続きをしておくことが肝要です。輸出通関手続きが貨物を船積みすることによって完了した後は、各関係法令の規定に従い関係機関による事後審査が必要なもの、あるいは輸出許可書などの船積み書類から、関税の還付または戻し税手続き、輸出貨物代金の回収手続きなどに必要なものを取り出して整理しておく必要があります。

　従って、これらの数多くの規制内容をよく理解修得し、複雑な手続きを迅速、確実に行い、輸出契約に定められた条件を誠実・確実、かつ円滑に行うことが健全な輸出取引に欠くことができない重要な要素となっています。

2. 税関の管轄区域

　日本における税関は財務省の地方支分部局として東京税関、横浜税関、神戸税関、大阪税関、名古屋税関、門司税関、長崎税関、函館税関、沖縄地区税関の9管轄税関が設置され、全国を9つの地域に分けて管轄しています。この下に支署、出張所、監視署が設けられています。2024年7月1日現在で税関支署69カ所、税関出張所104カ所、並びに監視署9カ所が設置されており、それ

095

全国9税関の管轄区域

税関名	管　轄　区　域
函館税関	北海道 青森県 岩手県 秋田県
東京税関	山形県 群馬県 埼玉県 千葉県のうち市川市（財務大臣が定める地域に限る）、成田市、香取郡多古町及び山武郡芝山町 東京
横浜税関	宮城県 福島県 茨城県 栃木県 千葉県（東京税関の管轄に属する地域を除く）神奈川県
名古屋税関	長野県 岐阜県 静岡県 愛知県 三重県
大阪税関	富山県 石川県 福井県 滋賀県 京都府 大阪府 奈良県 和歌山県
神戸税関	兵庫県 鳥取県 島根県 岡山県 広島県 徳島県 香川県 愛媛県 高知県
門司税関	山口県福岡県（長崎税関の管轄に属する地域を除く）佐賀県のうち唐津市、伊万里市、東松浦郡及び西松浦郡長崎県のうち対馬市及び壱岐市 大分県 宮崎県
長崎税関	福岡県のうち大牟田市、久留米市、柳川市、八女市、筑後市、大川市、小郡市、うきは市、みやま市、三井郡 三潴郡及び八女郡 佐賀県（門司税関の管轄に属する地域を除く）長崎県（門司税関の管轄に属する地域を除く） 熊本県 鹿児島県
沖縄地区税関	沖縄県

れの地域における税関業務を分担しています。

3. 関税法上の主要な定義

(1) 関税法上の輸出とは

①内国貨物を外国に向けて送り出すことをいう。

（イ）内国貨物とは

・本邦にある貨物で外国貨物でないもの。

・本邦の船舶により公海で採捕された水産物。

（ロ）外国貨物とは

・輸出の許可を受けた貨物。

・外国から本邦に到着した貨物で輸入が許可される前のもの。

・外国の船舶により公海で採捕された水産物で輸入が許可される前のもの。

②輸出の時期とは

・輸出貨物を船積みしたとき。

(2) 輸出通関の意味

輸出通関の意味は以下の広義と狭義の2通りの意味で使われています。

①輸出しようとする貨物を保税地域に搬入して、輸出申告、輸出審査および輸出許可を経て貨物の搬出から船積みまでの手続きを指すもの（広義の通関）。

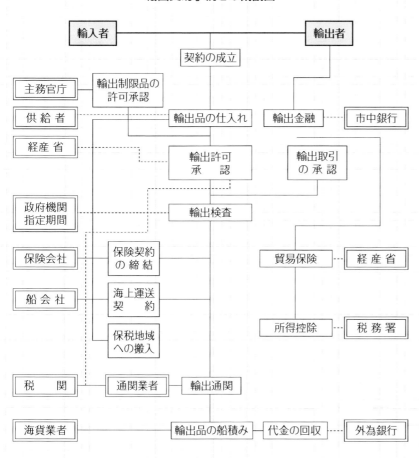

輸出貿易手続きの概観図

②貨物を輸出する場合の税関手続きをいうもので、輸出申告から輸出許可を受けるまでの手続きを指すもの（狭義の通関）。

(3) 輸出申告の前提

①保税地域への貨物搬入

貨物を輸出しようとする場合は、税関長に輸出の申告をしてその許可を受けなければなりません。従来、この輸出申告は貨物を保税地域に搬入した後ということになっていましたが、2011 年の関税法改正でこの保税搬入原則が見直され、搬入前の申告が可能となりました。

ただ輸出許可は保税地域搬入後となるため、税関審査終了後貨物の搬入まで許可書の交付を保留にするもの（搬入前輸出申告）と、保税地域搬入後の輸出申告で審査終了後すぐに許可書が交付されるもの（搬入後輸出申告）を区別するため、マニュアルによる輸出申告の場合は、輸出申告書の表題の右隣に、搬入前申告の場合は「前」、搬入後申告の場合は「後」と朱書きする必要があります。

NACCS を通じて貨物の保税地域への搬入前に行われた輸出申告については、適宜の箇所に「前」を朱書きします（貨物の保税地域搬入後に行われた輸出申告については朱書き不要）。

②例外的な取り扱い

（a）本船扱い

保税地域への搬入が困難あるいは不適当

と認められる貨物については、事前に税関庁の承認を受けて、貨物を外国貿易船に積み込んだまま輸出申告し、その本船上で必要な検査を経て輸出の許可を受けることができる。これを本船扱いという。

(b) 艀中扱い

貨物をはしけ（艀）またはこれに類する船舶に積み込んだままの状態で輸出申告し、必要な検査を経て輸出の許可を受け

ることができる。

(c) 特定輸出申告

「AEO制度」の項の「特定輸出申告制度」（P.113）参照。

(4) 輸出申告

輸出申告とは、輸出者によって行われる税関に対する輸出の意志表示であり、輸出の許可を請求する行為です。貨物を輸出しよう

輸出通関の流れ

```
-------------- 書類の流れ
──────── 貨物の流れ
```

⑬ 船積み書類受領

承認証
許可書   ①   輸出者
証明書

⑬ B/L発給

他法令主務官庁
政 府 機 関 等
例 経産省、財務省、
農水省、輸出検査機関

船 会 社

⑫ B/L請求

税　　　関
輸出通関部門　｜　監　視　部

⑦ 申告　⑦ 許可　　　　船積み確認
　　　　　　　⑪ 船積み書類　M/R

② 依頼
輸出報告書   申 告 代 理 人   ⑫

本船船積み受領書　⑩

③
出荷依頼

④ 出荷通知

指定保税地域
保税蔵置場

⑧ 搬出

⑨ 船積み

外航船

⑤ 搬入

⑤ 巨大重量物特殊貨物

工　　場

他所蔵置
（本船扱い）
（艀中扱い）

船積み

とする者は、郵便物を除いて必ず税関に申告し、輸出許可を受けなければなりません。

　申告は貨物が蔵置されている場所を管轄する税関官署に対して行うことが原則です。一方で通関の目的を損なわない範囲で貨物の蔵置場所に関係なくどこの税関署でも申告できれば貿易関係事業者にとって事務の効率化やコスト削減が図れることになります。このため2017年の関税法改正で輸出入申告官署が自由化され、輸出入申告は貨物の蔵置官署に対して行うという原則は残しつつ、AEO事業者についてはどこの税関官署に対しても申告できるようになりました。

　輸出申告はマニュアルによるに書面による提出とNACCS（後述）と呼ばれる電子的手段による方法があります。これは税関および輸出手続きに関連する行政機関と民間の業務をオンラインで処理するシステムです。

　書面による申告の場合は以下のようになります。

①輸出申告すべき事項

・貨物の記号、番号、品名、数量および価格（日本円換算）

・貨物の仕向け地

・貨物の積載船名（または航空機の名称など）

・貨物の蔵置場所

・その他の参考事項

②申告書の様式および提出通数

・様式は省令指定

・通数は原本、許可、統計用の計3通

③申告書の添付書類

・仕入れ書（インボイス）

・包装明細書（パッキングリスト）

・その他関係書類（他法令関係書類：外為法、輸出検査法等の許可証、証明書、輸出報告書など）、商品のカタログ、契約書など。

④輸出申告者

資格については、法令上とくに制限はなく、輸出者本人であれば問題はない。しかし代理申告は通関業者に限られている。

⑤輸出申告書の提出税関

　輸出しようとする貨物が置かれている保税地域を管轄する税関官署の税関長宛に提出する。

⑥輸出申告の受理、審査および許可

　輸出申告書を税関輸出部門に提出する。税関では添付書類の有無等を確認してこれを受理し、記載内容を確認し、疑義があれば従業者に確認し、必要に応じて現品検査が行われる。申告内容に誤りがなければ輸出が許可される。輸出許可書が申告者に手渡される。

⑦船積み

　輸出許可を得た貨物は外国貨物になっている。船積みするために、保税地域から出そうとするときは、保税地域の管理者の責任において貨物を搬出する。保税地域から積み込もうとする外国貿易船までの運送は、輸出許可を受けるときに併せて保税運

送の承認を受けておくと、輸出許可後積み出し港まで保税運送を行い、積み出し港で到着確認を受けて船積みができる。これを併せ運送という。

　積み戻し減免戻し税など該当貨物についての船積みの確認は貨物を積み込んだ本船の船積み受領書（M/R：メーツレシート）、またはコンテナターミナルの倉受け受領書（D/R：ドックレシート）を税関に提出します。税関ではこれを輸出許可書と照合して税関監視部門で船積みを確認します。一般貨物についての積み荷確認印の押印は必要ありません。

4. 他法令の制限
(1) 他法令の制限

　関税法は輸出に関するもっとも基本的な規制法規です。貨物の種類によっては税関に申告するまえに他法令の規定により経済産業省、厚生労働省など税関以外の諸官庁から、その貨物の輸出についてあらかじめ許可、承認を受けておかなければならない場合があります。

　これらの他法令により、許可、承認を必要

《輸出関係他法令一覧表》

法令名	主な品目	主管省庁課
外国為替及び外国貿易法 輸貿易管理令	武器・化学兵器、麻薬、ワシントン条約該当物品、特定有害廃棄物等	経済産業省貿易経済協力局 貿易管理部 安全保障貿易審査課 貿易管理課
文化財保護法	重要文化財又は重要美術品 天然記念物 重要有形民俗文化財	文化庁文化財部伝統文化課
鳥獣の保護及び狩猟の適正化に関する法律	鳥、獣及びそれらの加工品、鳥類の卵等	環境省自然環境局 野生生物課
麻薬及び向精神薬取締法	麻薬、向精神薬、麻薬向精神薬原料等	厚生労働省医薬食品局 監視指導・麻薬対策課
大麻取締法	大麻草、大麻草製品	
あへん法	あへん、けしがら	
覚せい剤取締法	覚せい剤取締法	
狂犬病予防法	犬、猫、あらいぐま、きつね、スカンク	農林水産省消費・安全局 動物衛生課
家畜伝染病予防法	偶蹄類の動物、馬、鶏、あひるなどの家きん、兎、みつばち及びこれらの動物の肉、ソーセージ、ハム等、稲わら（一部）	
植物防疫法	植物（顕花植物、しだ類又はせんたい類に属する植物（その部分、種子、果実及びむしろ、こもその他これに準ずる加工品を含む））、有害植物、有害動物（昆虫・ダニ等）	農林水産省消費・安全局 植物防疫課
道路運送車両法	中古自動車	国土交通省自動車局 自動車情報課

とし、または検査に合格することを必要とする貨物についてはそれらを受けていることが通関の途中に確認されます。

（2）輸出関係の他法令

輸出規制を行っている主な他法令は輸出貿易管理令、文化財保護法、家畜伝染病予防法、植物防疫法などです（100ページの表を参照）。

5. その他の用語の定義

① 保税地域

外国貨物の法定蔵置場としての保税地域は、指定保税地域、保税蔵置場、保税工場、保税展示場および総合保税地域の5種（下の表を参照）。

② 臨時開庁

税関の執務時間外に通関、保税運送承認など、特定の業務の処理を求めることができること。

③ 仕役

税関の執務時間外に、許可を受けて、貨物の積み下ろしなど特定の作業をすることができる制度。

④ BP（Before Permit）

輸入申告後の輸入許可前に貨物を引き取ることができる制度。ただし、有税品については税額相当額の担保を提供する必要がある。

⑤ 申告納税

輸入申告者が第一次的に税額計算をする方式。「賦課課税」のもの以外に適用される。

⑥ 賦課課税

税関が税額を計算する方式。携帯品、引っ越し荷物、郵便物、不用船（航空機）用品、事後徴税のものに適用される。

⑦ 倉入れ（Import for Storage：IS）

貨物を保税倉庫に3カ月超の蔵置をする場合の「蔵入承認」。

⑧ 移入（Import for Manufacturing：IM）

貨物を保税工場に3カ月超の蔵置をする場合、または保税作業に使用する場合の

保税地域の種類と主な機能

指定保税地域	外国貨物の積卸し、運搬、一時蔵置 例) コンテナヤードなど	1ヵ月	財務大臣の指定
保税蔵置場	外国貨物の積下ろし、運搬、蔵置 例) 倉庫、上屋など	2年（延長可）	税関長の許可
保税工場	外国貨物の加工、製造 例) 造船所、製鉄所、製油所など	2年（延長可）	税関長の許可
保税展示場	外国貨物の展示・使用 例) 博覧会、博物館など	税関長が必要と認める期間	税関長の許可
総合保税地域	保税蔵置場、保税工場、保税展示場の総合的機能 例) 中部国際空港など	2年（延長可）	税関長の許可

「移入承認」。

⑨　仮通関

　　保税展示場に外国貨物を搬入して展示、使用、取り扱いなどを行うとき承認を受けること。

⑩　輸入税表番号または輸出（入）統計品目番号の所属の決定

　　「関税率表の会社に関する通則」または「輸出(入)統計品目表の解釈に関する通則」よって決定される。

⑪　保税運送

　　税関の承認を受けて行う貨物の法定場所相互間の運送。発送された外国貨物が指定期間内に到着しない場合は、輸入の場合と同じように徴税される。

⑫　積み戻し

　　外国から本邦に到着した外国貨物を、輸入許可を受けることなく外国に向けて送り出すこと。

⑬　I/L（Import License）

　　輸入貿易管理令上の輸入承認証。

⑭　保税記帳

　　保税地域において搬出入貨物の品名、数量等法定の記載事項を法定帳簿に記帳すること。

通関申告前の手続き（他法令の制限）

1．外為法による輸出貿易管理令

　　外為法とは外国為替および外国貿易管理法といい、貨物の種類および仕向け地により許可制度と承認制度が実施されています。

　　輸出の許可については同法48条で国際的な平和及び安全の維持を妨げることとなると認められるものについて、政令で定める特定の地域を仕向け地とする特定の種類の貨物を輸出しようとする者は政令で経済産業大臣の許可を受けなければならないと定められています。

　　この規定を受けて輸出貿易管理令でこと細かく規定しています。

2．輸出貿易管理令

イ．輸出承認証（E/L）を必要とするものは、次のものです。

（1）輸出貿易管理令別表1の貨物、例えば全地域向けの鉄砲または銃砲弾。

（2）指定加工のための特定原材料。

（3）特殊決済方法によるもの。

3．輸出の許可

　　輸出の許可を必要とするものは、次の場合です。

　　輸出令別表第1中欄に掲げる貨物を同表下欄に掲げる地域を仕向け地として輸出しようとする場合。

　　具体的には武器関係、および原子力関係の貨物が全地域向けについて許可を必要とします。また特定の国、例えば北朝鮮などへ輸出する場合は厳格規制を実施しています。

冷戦当時、共産主義諸国向けの軍事技術・戦略物資の輸出規制や禁輸政策実施のためにココム（Coordinating Committee for Export Control：COCOM）が禁輸・規制品リストを作成し、その事前の承認が必要でしたが、ソ連の崩壊で1994年にココムが解散、それに代わる新輸出管理機構としてワッセナー協約（Wassenaar Arrangement）が1996年に発足、通常兵器とその開発に関する汎用品を合わせて規制する輸出管理の枠組みとなっており、2024年7月時点で42カ国が参加しています。

4. 輸出の承認

輸出の承認を必要とするのは、以下の場合です。

(1) 輸出貿易管理令別表第2条に掲げる貨物（要承認品目）。

「要承認品目」には、国内需給の観点より定められた需給調整物質（食料、飼料など）、輸出取引秩序を乱す過当競争を防止するための物質、仕向け国における輸入規

輸出承認対象貨物

項番	対象貨物の概要	項番	対象貨物の概要
1	ダイヤモンド原石	35の2(1)	特定有害廃棄物**
19	安全な血液製剤の安定供給の確保等に関する法律第2条第1項に規定する血液製剤（原則輸出禁止）	35の2(2)	廃棄物の処理及び清掃に関する法律に規定する廃棄物**
20	核燃料物質、核原料物質	35の3	有害化学物質（ロッテルダム条約、ストックホルム条約関連）
21	放射性廃棄物	35の4	水銀、水銀使用製品（水俣条約関係）
21の2	放射性同位元素	36	ワシントン条約対象貨物
21の3	麻薬、向精神薬原材料等	37	希少野生動植物の個体・卵・器官
25	漁船	38	かすみ網
28	ふすま、米ぬか及び麦ぬか（H28.12.7 廃止）	39	偽造、変造通貨等
29	配合飼料（H28.12.7 廃止）	40	反乱せん動書籍等
30	しいたけ種菌（原則輸出禁止）	41	風俗を害する書籍等
32	せん及びならの丸太（H28.12.7 廃止）	43	国宝、重要文化財等
33	うなぎの稚魚	44	仕向国における特許権等を侵害すべき貨物（原産地を誤認させるべき貨物）
34	冷凍のあさり、はまぐり及びいがい*	45	関税法第69条の12第1項に規定する認定手続が執られた貨物（育成者権侵害貨物、その他の権利侵害貨物）
35	オゾン層を破壊する物質	その他	委託加工貿易

（全地域が対象。ただし、*は米国向け、**は南緯60度の線以北の公海を除く）
（項番とは輸出貿易管理令別表2の項番）

103

制を避けるための物資（繊維製品等）、国際協定などによる規制物質および輸出禁制品があり、それぞれの目的に応じて仕向け地が指定されています。またその時々の経済および国際状況により変更があるために注意が必要です。

(2) 指定加工に該当する加工原材料の輸出

委託加工貿易の一部または全部が経済産業大臣が定める加工。すなわち指定加工を外国にある者に加工を委託する場合の貨物を輸出しようとする場合に輸出の承認が必要です。

指定加工には繊維関係の絞り加工、ししゅう加工、染色整理などのほか、皮革関係の製品の製造などがあり、これら加工のために輸出する原材料として、各種織物、糸、皮革などがあります。

(3) 特殊決済によって貨物を輸出しようとする場合。

外為法第7条第1項第1号または第2号にかかげる方法に該当する代金の支払い方法や財務大臣が特殊なものとして定める代金の支払いの方法によるもの。

5. 輸出の特殊決済方法

主務大臣がわが国の国際収支の均衡を維持するため、外為法令の規定の確実な実施をはかるために必要があると認めるときには、支払いなどに関して許可を受ける義務を課すことができる（外為法第16条第1項）となっています。

対外取引の特殊決済方法は、「外為令第7条」と「特殊決済方法に関する省令」により具体的に定められています。同省令第3条により特殊決済について「輸出貨物代金の全部又は一部を次の（1）〜（4）のいずれかの方法により決済する方法」と規定しています。

(1) 貨物の船積み後2年以上の期間に支払いを受領する方法（OECD：経済協力開発機構の公的に支援される輸出信用取り決めの適用を受けるものに限る）。

(2) 貨物の輸出者または当該貨物の輸出の相手方による本邦通貨または本邦通貨表示小切手もしくは約束手形の輸入に伴う方法により支払いを受ける方法。

(3) 輸出貨物代金にかかわる債権を当該輸出の相手方に対する債務と相殺する契約に基づいて決済する方法。

(4) 貨物の輸出の相手方である、非居住者のために行われる他の居住者による支払いを受ける方法。

6. 輸出貨物代金とは

特殊決済方法の省令における「輸出貨物代金」とは原則的に輸出契約の履行に伴う輸出者が受け取る債権の総額をいいます。特殊決済令第2条第1号によれば次のようになっています。

当該輸出者が当該債権の総額から当該輸出

契約の履行に直接伴って負担する仲介手数料、代理店料、領事査証料、検数料その他輸出に付帯する手数料の金額を差し引いて受領する場合は、当該金額を差し引いた残額を輸出者が取得する債権の総額とします。

通関情報処理システム

1. NACCS

(1) NACCSの概要

コンピューターを利用した情報処理システムが世界的に発展する中で、輸出入貨物の通関手続きもシステム化されて税関と関係者がオンラインで結ばれ、通関処理が従来に比べて簡素化されました。輸出入・港湾関連情報処理センターが運営する港湾関連情報処理システム（NACCS）は、国際物流の上流から下流に至る様々な分野で業務や手続きを行う官民の利用者が、それぞれの業務に応じ適時適切にシステムを活用して情報を入出力することにより、国際物流にかかわる利用者全体の業務処理の迅速化、効率化が実現しました。

海上輸送貨物の輸出入通関手続きを処理するためのSea-NACCSは1991年10月に稼働を開始しました。その稼働後、システム対象地域を順次拡大し、1999年のシステム更改により、その対象地域は全国へと拡大され、輸入では船舶の入港から海上貨物の取り下ろし、輸入申告・許可、国内への引き取りまで、輸出では海上貨物の保税地域への搬入から、輸出申告・許可、船舶への船積み、出港までの一連の税関手続きおよび関連民間業務をオンラインで処理するシステムとなりました。

2008年のSea-NACCSの更改および10年2月のAir-NACCS更改を機にシステムが見直され、これまで別々だったAir-NACCSとSea-NACCSのサーバーが統合されました。同時に、税関関連の申請・届け出などのシステムだったCuPES（税関手続き申請システム）や、国土交通省が管理・運営していた港湾EDIシステム、経済産業省が管理・運営していたJETRAS（貿易管理オープンネットワークシステム）などの関連省庁システムについてもNACCSに統合し、10年2月から新NACCSとして稼働を開始しました。

新NACCSには、新たに荷主、海貨業、NVOCCなども参加できるようになり、港湾・空港における物流情報を総合的に管理するプラットフォームとして機能しています。

NACCSの運営・管理母体である独立行政法人「通関情報処理センター」（通称NACCSセンター）は「電子情報処理組織による税関手続の特例等に関する法律」（昭和52年法律第54号）に基づき、1977年10月1日、大蔵省（現財務省）の認可法人として設立され、特殊法人等整理合理化計画に基づき03年10月1日に独立行政法人となり、さらに07年12月24日の閣議決定に基づき独立行政法人通関情報処理センターが特殊会社として民営化することが決定、新

105

NACCSの稼働に合わせ2008年10月に独立行政法人通関情報処理センターを解散して、輸出入・港湾関連情報処理センター株式会社が設立されました。

2010年には海上（Sea-NACCS）と航空（Air-NACCS）に分かれていたシステムを統合、利用対象を通関業者、税関その他の政府機関、銀行、船会社・船舶代理店、コンテナヤード、保税蔵置所に加えて、海貨業者、輸出入業者、NVOCC、汎用業務利用者へも拡大、対象業務は、船舶の入出港、荷揚げ・下ろし、保税運送、輸出入貨物情報、混載貨物情報、保税地域の搬出入、輸出入申告・許可、口座振替による納税、などへと広がり、NACCSシステム稼働率は輸出入ともに99.9％に達しています。

NACCSのシステムライフは8年と設定されており、17年10月からは第6次NACCSへ更改され、利用者に損害保険会社も加わったほか、国土交通省所管の港湾サブシステムをNACCSに統合、港湾・空港をカバーする物流情報を総合的に管理するプラットフォームシステムとして利便性の向上を図っています。25年10月からは第7次NACCSへ移行する予定ですが、その基本コンセプトはこれまでどおり「官民共同利用システムとし

NACCSの業務

▼ NACCSで処理される貿易関連業務一覧

（NACCSセンター資料）

ての安定性・信頼性の高いシステム」、「公共的インフラとして、効率性・経済性の高いシステム」、「総合物流情報プラットフォームとしてのさらなる機能の充実」ということに変わりありませんが、AI などの新しい技術の応用や、国際物流に関連した内外のデジタルプラットフォームとの連携機能の拡大などの実現も視野に入っています。

(2) 手続きの流れ

　NACCS は利用者が事業所のコンピューター端末で入力した輸出入申告など外国貨物の通関手続きをオンラインで処理します。具体的には、輸出では貨物の保税地域への搬入から船積み、本船出港まで、輸入では本船の入港から国内での貨物引き取りまでの一連の手続きを処理します。税関だけでなく、検疫所などへの手続きも NACCS を通じて申請することができます。

　輸出申告はまず通関業者（通関士）が輸出者名や金額などの必要事項を入力（登録）して NACCS 経由で送信します。申告が受理されれば申告入力控情報が通関業者に送信されてきます。通関業者（通関士）は申告に間違いがないかどうか確認し、業務コードと申告番号を入力して本申告をします。

　輸出申告に対する税関の処理は、区分 1（簡易審査扱い）、区分 2（書類審査扱い）、区分 3（検査扱い）の 3 通りあります。簡易審査扱いになった輸出申告は入力と同時に許可と

なり、通関業者に輸出許可通知書が送信されてきます。これによって貨物の引き渡し、引き取りの時間が短縮され、夜間など税関の業務が行われていない時に申告内容を登録しておけば、翌朝の業務開始と同時に自動的に申告ができます。銀行との関係では、専用口座さえ設けておけば口座振替によって関税などが自動的に納付されることになります。

　区分 2 となった場合はインボイスなどの追加書類を PDF などのフォームで税関に送信します。区分 3 の場合は税関検査のための検査指定票が送られてきます。検査貨物を税関が指定する検査場所に持ち込み、検査に立ち合います。

　書類審査あるいは検査で問題がなければ 3 通送った輸出申告書のうちの 1 部に許可印が押されて輸出許可通知書として通関業者のプリンターに送信されてきます。

(3) シングルウインドウの進展

　1997 年以降は、食品衛生手続きを処理するための厚生労働省の FAINS（Food Quarantine）、動物検疫手続きを処理するための ANIPAS（Animal Quarantine）、植物検疫 手続きを処理するための PQ-NETWORK（Plant Quarantine）など他の省庁のシステムが NACCS と接続してシングルウインドウサービスを提供、さらに 10 年 2 月には空港関連手続きにかかわるシングルウインドウ業務を開始し、その後も機能の向上を図り、ほ

とんどの関係省庁の手続きが NACCS を通じて行えるようになりました。

(4) 当事者の主な業務

NACCS を利用した通関手続きにかかわる関係当事者の主な業務は次のようなものとなっています。

輸出入業者：輸出・輸入取引関連情報の提供。

船会社・船舶代理店：入出港についての税関手続き、トン税などの納付申告、積み荷目録の提出、船積み確認についての税関手続き。

コンテナヤード：コンテナの積み下ろしについての税関手続き、コンテナの搬出入についての税関手続き。

保税蔵置所：貨物搬出入についての税関手続き、貨物の在庫管理。

通関業者：輸出入申告手続き、取り扱い手数料などの請求書作成。

銀行：口座振替による関税などの領収。

税関：輸出入申告などの受理・許可・承認の通知、手数料などの徴収。

海貨業者：ACL 情報などの提供。

NVOCC：混載貨物情報の提供。

(5) ACL の利用促進

ACL（船積確認事項登録業務）とは、海貨業者、通関業者などがドックレシート（D/R）情報を NACCS に登録し、ブッキング先の船会社や NVOCC に通知する業務で、貨物搬入先となる CY/CFS などの関係先へも通知することが可能です。輸出貨物の船積みにかかわる情報の流れは、荷送り人が貨物の詳細を記載したシッピングインストラクション（S/I、船積み依頼書）を海貨業者（通関業者）に流して船積みまでの作業と手続きを委託します。海貨業者はこれをもとに B/L 作成の元になる書類である D/R を作成し、運送人である船会社（あるいはその代理店）、NVOCC に送信、船会社（あるいは船舶代理店）や NVOCC はこれをもとに B/L を作成し、荷主に発行します。

D/R はファックスや e メールを利用して送られ、船会社によってはウェブ上で必要事項を入力することで D/R 情報を入手していますが、ACL ではこれらの作業を NACCS を通じて処理し、業務の合理化を図っています。

NACCS を利用することによって、送信側の海貨業者（あるいは通関業者）は送信済み情報の入力作業が省力化でき、送信先ごとの指定フォームではなく ACL の共通フォーマットで送信するので業務が標準化し、さらにコンテナヤードに D/R を持ち込む必要がなくなる、などのメリットがあります。

一方で受信側の船社（あるいは船舶代理店）や NVOCC にとっても、不鮮明なファックスが原因の入力ミスがなくなり、受信情報の 2 次利用でタイプミスを避けることができ、ま

た省力化も可能となるなどのメリットがあります。

(6) 第6次NACCS

　2017年10月からは第6次NACCSに移行、2010年の海上・航空システムの統合、2013年の関係省庁とのシステム統合〔シングルウインドウ化〕、さらに港湾サブシステムの統合以来、初めての更改となりました。NACCSセンターによると、利用者数は2017年12月末時点では8,728社（1万4,474事業所）だったものが、22年末時点では海上で1万1,155社（1万5,823事業所）、航空で8,995社（1万3,544事業所）となっています（海空共用の事業所は海上と航空の両事業所に含まれています）。

　そのほかマイナンバー制の導入や輸出入申告官署の自由化、通関手続きにかかわる電子化の原則といった国の施策に対応した行政手続きシステムとしての機能拡大や、船腹予約業務、危険物明細書作成業務など民民業務のシステム化や損害保険会社の新規参加による包括保険関連手続きのシステム化など総合物流プラットフォームとしての機能も拡充されました。

　海上機能では、1）輸出では荷主の情報入力から始まる貨物の流れをB/L作成系と通関系の2つに大別し、かつ荷主の入力情報と後続業務情報連携を強化、輸入でも荷主の輸入指示情報の輸入申告業務への情報連携の

強化をはかり、物流のフローを最適化、2）港湾サブシステムのNACCS本体への統合によるシングルウインドウ機能の改善や入出港関連手続きのウェブ化など、港湾におけるシングルウインドウ機能の拡充、3）船腹予約業務、危険物明細書作成業務のシステム化、およびACL業務やCY搬出入業務の利便性向上など港湾手続きのEDI化推進、が特徴となっています。

　NACCSセンターでは2025年10月からの第7次ではeコマース貨物など急増する輸入貨物への対応（国内運送先、通販貨物識別などの項目追加）、航空貨物におけるラウンド運送機能の追加、海上小口貨物における簡易通関の導入にかかわる業務の新設、貨物状況通知サービスの提供、内航船による外貿コンテナフィーダー手続き機能の追加、バンニング情報における登録可能な輸出管理番号を最大6,000件に拡大、などの改善が加えられる予定です。

2. 出港前報告制度（AFR）

　財務省（関税局）は2012年3月末に国会で成立した関税定率法等の一部改正法に基づく日本版船積み前24時間ルールの「出港前報告制度」（Advance Filing Rules: AFR）を14年3月から施行しました。これによって船会社およびNVOCCは日本に入港しようとする船舶に積み込む海上コンテナ貨物の詳細な積み荷情報を、原則として外地の船積み

	出港前報告制度 の必須報告項目		〈参考〉入港前報告
	マスターB/L積荷情報	ハウスB/L積荷情報	
1	荷送人名 荷送人住所又は居所 荷送人電話番号 荷送人国名コード	荷送人名 荷送人住所又は居所 荷送人電話番号 荷送人国名コード	荷送人名
2	荷受人名 荷受人住所又は居所 荷受人電話番号 荷受人国名コード	荷受人名 荷受人住所又は居所 荷受人電話番号 荷受人国名コード	荷受人名
3	着荷通知先名 着荷通知先住所又は居所 着荷通知先電話番号 着荷通知先国名コード	着荷通知先名 着荷通知先住所又は居所 着荷通知先電話番号 着荷通知先国名コード	着荷通知先名
4	品名	品名	品名
5	代表品目番号(HSコード(6桁))	代表品目番号(HSコード(6桁))	
6	個数・個数単位コード	個数・個数単位コード	個数・個数単位コード
7	総重量・重量単位コード	総重量・重量単位コード	総重量・重量単位コード
8	容積・容積単位コード	容積・容積単位コード	容積・容積単位コード
9	記号・番号	記号・番号	記号・番号
10	船会社コード	船会社コード	船会社コード
11	船舶コード(信号符字)	船舶コード(信号符字)	船舶コード(信号符字)
12	航海番号	航海番号	
13	船積港コード	船積港コード	
14	船積港の出港予定日時		船積港の出港確定日時(注2)
15	仕出港コード	仕出港コード	
16	船卸港コード	船卸港コード	船卸港コード
17	船卸港の入港予定年月日	船卸港の入港予定年月日	
18	荷渡地名	荷渡地名	
19	B/L番号	B/L番号(マスター)	B/L番号
20		B/L番号(ハウス)	
21	コンテナー番号	コンテナ-番号	コンテナ番号
22	シール番号	シール番号	
23	空/実入りコンテナー表示	空/実入りコンテナー表示	空/実入りコンテナ表示
24	コンテナーサイズコード	コンテナーサイズコード	コンテナサイズコード
25	コンテナータイプコード	コンテナータイプコード	コンテナタイプコード
26	コンテナー所有形態コード	コンテナー所有形態コード	コンテナ所有形態コード
27			コンテナオペレーション会社コード
28			コンテナ条約適用識別
29	IMDGクラス 国連番号	IMDGクラス 国連番号	
30	緩和措置対象地域識別		
31	マスターB/L識別(注1)		

（注1）ハウスB/Lの有無を判別するためのコード　　（注2）出港前報告制度導入後からの報告項目

港を出港する 24 時間前までに NACCS を利用して電子データで税関に報告することが義務付けられました。

　対象となるのは、わが国に入港しようとする外国貿易船に積み込まれる海上コンテナ貨物で、日本でトランシップされて外国向けに運送される貨物も報告が義務付けられますが、空コンテナやプラットホームコンテナ（重量物専用の床板部分だけのコンテナ）に積載された貨物は含まれません。わが国で荷下ろしされない通過貨物（foreign cargo remaining onboard: FROB）も報告の対象外となります。

　報告する当事者は、外国の船積み港を日本向けに出港する際にマスター B/L に記載されている積み荷情報を把握している運送人（船会社）、およびハウス B/L に記載されている積み荷情報を把握している利用運送事業者（NVOCC）となります。

　日本に所在する事業者が報告義務者として積み荷情報の報告を行う場合は、日本に所在する事業者自身の申請者 ID を使用して NACCS に報告する必要があります。一方、日本に所在する事業者が NACCS とサービスプロバイダー契約を締結している場合、報告義務者は、その日本の事業者を経由して積み荷情報の報告を行うことができます。

　報告期限は米国など外国では船積み 24 時

AFRのサービスプロバイダー　（2024年7月時点）

	サービスプロバイダー名	協定日		サービスプロバイダー名	協定日
1	The Descartes Systems Group Inc.	Nov. 30, 2012	11	CrimsonLogic Pte Ltd.	Apr. 10, 2024
2	Trade-Van Information Services Co.	Dec. 5, 2012	12	Tradelink Electronic Commerce Limited	May 7, 2013
3	Onesystem Limited	Dec. 14, 2012	13	InterCommerce Network Services, Inc	Jun. 20, 2013
4	CargoSmart Limited	Dec. 18, 2012	14	E-Freight Technology, Inc.	Jul. 12, 2013
5	Trade Tech, Inc.	Jan. 10, 2013	15	Conex	Jul. 18, 2013
6	Korea Trade Network Co., Ltd.	Jan. 23, 2013	16	WiseTech Global Pty Ltd	Aug. 21, 2013
7	CyberLogitec Co., Ltd.	Jan. 31, 2013	17	International Transport Information Systems Limited	Sept. 12, 2013
8	Nippon Express Co., Ltd.	Mar. 18, 2013	18	ARTEMUS Transportation Solutions	May 1, 2014
9	Sankyu Inc.	Apr. 2, 2013			
10	KL-Net Corp.	Apr. 9, 2013			

（DagangNet Technologies Sdn Bhdは17年8月29日でサービス中止）　　　　　（税関資料）

間前となっていますが、外国の港での船積み時間を把握することは困難なため、AFR では報告義務者や税関が把握可能な出港時間を基準とし、"出港 24 時間前" となっています。近海航路（韓国、中国、台湾、極東ロシアの港発）の特定港においては船積み港の出港時までの報告緩和措置が適用されます。

　報告された積み荷情報は税関によってリスク分析され、ハイリスクと判断された場合は「DNL」のコードと日本には持ち込むことができないハイリスク貨物である旨の事前通知が、追加情報または訂正が必要な場合は「HLD」のコードが、本船出港後にハイリスク貨物と判明した場合は「DNU」コードと入港時に荷下ろしを一時停止する旨の事前通知が、それぞれ NACCS を通じて税関から送られます。

　期限までに積み荷の報告がなされなかった場合は「SPD」コードが通知され、報告期限までに報告がなされなかった場合、あるいは偽った報告をした場合は、1 年以下の懲役または 50 万円以下の罰金が科されます。

AEO 制度

1. AEO 認定事業者

　2001 年 9 月の米国同時多発テロ以降、米国をはじめ世界中で様々な貨物の安全管理が強化されていますが、その一つとして世界税関機構（WCO）が 2006 年にサプライチェーン全体における安全確保と貿易の円滑化を目的として Authorized Economic Operators（AEO：認定事業者）制度のガイドラインを採択しました。認定事業者とは貿易関連業者です。荷主、利用運送業者、実運送業者、通関業者など貿易にかかわる事業者が一定の基準を満たしており、安全で経営的にも信頼できると政府が認めた場合は、これらの業者に簡易で迅速な手続きを提供するというのが AEO 制度の趣旨です。

　WCO のガイドラインをもとに欧州連合（EU）で 2008 年 1 月から AEO 制度が実施され、わが国でも同年 4 月から、従来の AEO 輸出入業者、AEO 倉庫業者に加え、通関業者や保税運送事業者も対象になり、貿易に関する業務をひととおりカバーする格好で完結しました。

　AEO とし認定する要件は 6 つありますが、重要なのは以下の 3 つです。

・通関業の業務実績が 3 年以上あること。
・過去 3 年間に法令の違反がないこと（これには関税・国税など税に関する違反で通告処分以上の処罰を受けていない、通関業法違反で罰金刑以上を受けていない、その他の法令に違反して禁固刑以上の刑を受けていない、の 3 つのカテゴリーがあります）。
・法令順守（コンプライアンス）規則を定め、適正かつ確実に業務を遂行できること。
　2024 年 7 月 1 日時点で AEO 事業者数は

760 者に達しています。このうち、2 制度認定者が 153 者、3 制度認定者が 7 者あります。

a. 特定輸出申告制度

　輸出事業者が対象。特定輸出者（AEO 輸出者）については、貨物が置かれている場所、または貨物の船積みを予定している港（空港）の所在地に関係なく、いずれの税関官署でも輸出入申告することが可能で、保税地域に貨物を搬入することなく輸出の許可を受けることができます。自社の倉庫などで輸出の許可を受けることが可能となり、税関審査・検査で自社のセキュリティ管理とコンプライアンスが反映されるため、迅速な船積みが可能となり、リードタイムや物流コストの削減が期待できます。また、外国貿易船に積載したまま検査および輸出の許可を受けようとする貨物について特定輸出申告を行う場合、本船扱いおよび艀中（ふちゅう）扱いの承認申請手続きが不要となります。

　2024 年 7 月 1 日時点での特定輸出者は 231 者。

b. 特例輸入申告制度

　輸入業者が対象。貨物のセキュリティ管理とコンプライアンスの体制が整備された者として、あらかじめ税関長の承認を受けた特例輸入者（AEO 輸入者）については、申告貨物が到着する前（保税地域に搬入される前）に輸入申告して許可を受けることができ、輸入申告と納税申告を分離し、貨物の引き取り後に納税申告（特例申告）をすることができます。特例申告は、輸入許可の日の属する月の翌月末日までです。1 カ月分の輸入申告にかかわる特例申告をとりまとめ、一つの特例申告（一括特例申告）として提出することも可能です。貨物の引き取りにあたっては、引取申告で納税に関する事項を申告する必要がないため、一般の輸入申告よりも少ない申告項目数で引取申告ができます。

　2024 年 7 月 1 日時点での特例輸入者は 105 者。

c. 特定保税承認制度

　倉庫業者が対象。セキュリティ管理・法令順守で承認を受けた保税蔵置場の特定保税承認者（AEO 倉庫業者）は、税関長へ届け出ることにより保税蔵置場または保税工場を設置することが可能となるほか、届け出にかかわる保税蔵置場または保税工場について許可手数料が免除となります。また、届け出にかかわる保税蔵置場などは、一般の保税蔵置場の 6 年に比べて 8 年と許可期間が長くなり、届け出にかかわる帳簿の保存期間が 2 年から 1 年に短縮されます。

　2024 年 7 月 1 日時点での特定保税承認者は 151 者。

d. 認定通関業者制度

　通関業者が対象。認定通関業者（AEO 通関業者）は、貨物の蔵置場所にかかわらず、

いずれかの税関長に対しても輸出入申告をすることができます。

　輸入者の委託を受けた輸入貨物について貨物の引き取り後に納税申告を行うことや、輸出者の委託を受けて特定保税運送者による運送を前提に保税地域以外の場所にある貨物について輸出申告し、許可を受けることができます。これらをそれぞれ特例委託輸入申告制度、特定委託輸出申告制度といい、これらの制度によってリードタイムとコストの削減が期待できます。

　2024年7月1日時点での認定通関業者は263者。

e. 特定保税運送制度

　運送業者が対象。特定保税運送業者（AEO運送者）は個々の保税運送の承認が不要となるほか、特定委託輸出申告にかかわる貨物について、輸出者の委託を受けて保税地域以外の場所から直接船積み港まで運送することができます。

　2024年7月1日時点での特定保税運送業者は10者。

2.　AEO制度の相互承認

　AEO制度を施行している二国間で、それぞれのAEO制度（AEO事業者）を相互に承認することにより、二国間物流におけるセキュリティレベルを向上させつつ、相互に税関手続き上の便益を与え、国内外一貫した

いっそうの物流円滑化を目指す2国間の取り決めで、両国税関当局は、輸出入貨物の審査・検査の際、当該貨物が相手国のAEO事業者による輸出入貨物である場合には、その資格をリスク評価に反映させることや、自国のAEO制度に関して相手国事業者を審査する場合に、当該事業者が相手国のAEO事業者であるときは、その資格を受け入れることなどが協定に盛り込まれています。

　相互承認制度の実際の利用では、AEO事業者が持っている12ケタの相互承認用コードを取引相手に送るとともに先方からも送ってもらい、日本での輸出入申告の際には海外仕出し人・仕向け人コード欄にそのコードを入力します。

　AEO相互承認によって、自社が関与する輸出入貨物について日本税関だけでなく、相手国での税関手続きでもリスクに応じて書類審査・検査の負担が軽減されるなどの追加的効果が発生し、さらにAEOとしての企業ステータスが国際的に認知される、などの効果が得られます。

　24年7月現在、日本はニュージーランド（08年5月）、米国（09年6月）、カナダ（10年6月）、EU（同6月）、韓国（11年5月）、シンガポール（同6月）、マレーシア（14年6月）、香港（16年8月）、中国（18年10月）、台湾（18年11月）、英国（20年12月）、タイ（22年4月）とMRAを結んでいます。

相互承認相手国・地域での適用方法

相手国相手国	相手国での輸入申告時	相手国での輸出申告時
中国	「日本の AEO 事業者相互承認用コード」を次の①、②のいずれかの欄に入力することでベネフィットを受けることができます。なお、①と②の両方の欄へ入力することで最大限のベネフィットを受けることができます。①輸入申告書の「海外荷送人」（中国語で""境外発貨人"）欄における「海外荷送人 AEO 企業コード」の欄②マニフェスト情報を税関に電子データで送信する際、海運・空運マニフェストの「荷送人 AEO 企業コード」の欄。	「日本の AEO 事業者の相互承認用コード」を輸出申告書の「海外荷受人」欄に入力することでベネフィットを受けることができます（海運・空運マニフェストへの入力は不要です）。
台湾	輸入申告時に、輸入申告フォーム（NX5105）の第 30 欄「賣方 AEO 編號」に「日本の AEO 事業者相互承認用コード」（17 桁）を入力することで、ベネフィットを受けることができます。	輸出申告時に、輸出申告フォーム（NX5203）の第 26 欄「買方 AEO 編號」に「日本の AEO 事業者相互承認用コード」（17 桁）を入力することで、ベネフィットを受けることができます。
香港	取引相手に通知しなくても、正しい情報により申告されれば適用されます。	取引相手に通知しなくても、正しい情報により申告されれば適用されます。
韓国	以下の要領でベネフィットを受けることができます。①　御社の相互承認コードを在韓国の取引相手に通知する。②　取引相手に対し、御社の「海外取引先番号（符号）」が発給される。③　取引相手は輸入申告時に、御社「相互承認コード」及び「海外取引先番号（符号）」を通関システムに入力する。	通関システムへの入力要領等は現地税関当局にお問い合わせください（まずは皆様の相互承認コードを韓国の取引相手にお知らせください）。
マレーシア	通関システムへの入力要領等は現地税関当局にお問い合わせください（まずは皆様の相互承認コードをマレーシアの取引相手にお知らせください）。	通関システムへの入力要領等は現地税関当局にお問い合わせください（まずは皆様の相互承認コードをマレーシアの取引相手にお知らせください）。
シンガポール	TradeNet での輸入申告において、以下の通り入力することでベネフィットが受けることができます。「Customs Procedure Code（CPC）」欄：「AEO」「Processing Code 1（PC1）」欄：「JP」「Processing Code 2（PC2）」欄：「日本の AEO 事業者相互承認用コード」	通関システムへの入力要領等は現地税関当局にお問い合わせください（まずは皆様の相互承認コードをシンガポール取引相手にお知らせください）。
タイ	輸入申告時に、輸入申告フォームに以下の通り入力することでベネフィットを受けることが出来ます。「MRA Country Code」欄：「JP」「AEO(MRA) Reference number」欄：「日本の AEO 事業者相互承認用コード」（17 桁）「AEO Exporter Name」欄：「特定輸出者一覧に掲載されている英名」	ベネフィット適用なし

相手国相手国	相手国での輸入申告時	相手国での輸出申告時
米国・カナダ	取引相手に通知しなくても、正しい情報により申告されれば適用されます。	ベネフィット適用なし
EU	マニフェスト事前申告(Entry Summary Declaration)または税関申告(Customs Declaration。マニフェスト事前申告に代替される場合)において、TARICコード*1「Y031」及び「日本のAEO事業者相互承認用コード」(14桁)を入力することでベネフィットを受けることができます。	税関申告(Customs Declaration)またはマニフェスト事前申告(Exit Summary Declaration。税関申告が要求されなかった場合)において、TARICコード*1「Y031」及び「日本のAEO事業者相互承認用コード」(14桁)を入力することでベネフィットを受けることができます。
英国	① 日本のAEO輸出入者の方は、日英AEO相互承認用コードを各税関のAEO制度担当にご確認ください(日EU・AEO相互承認用コードを既にお持ちの方は、同じコードを利用できます)。② 日英AEO相互承認用コードを英国の取引相手にお知らせ下さい。③ 英国の輸出入者が、そのコードを事業者名とともに輸出入手続の際に使用することで、英国での通関において、皆様の貨物がAEO相互承認のベネフィットを受けることができます。	① 日本のAEO輸出入者の方は、日英AEO相互承認用コードを各税関のAEO制度担当にご確認ください(日EU・AEO相互承認用コードを既にお持ちの方は、同じコードを利用できます)。② 日英AEO相互承認用コードを英国の取引相手にお知らせ下さい。③ 英国の輸出入者が、そのコードを事業者名とともに輸出入手続の際に使用することで、英国での通関において、皆様の貨物がAEO相互承認のベネフィットを受けることができます。
豪州	通関システムへの入力要領等は現地税関当局にお問い合わせください(まずは皆様の相互承認コードを豪州の取引相手にお知らせください)。	通関システムへの入力要領等は現地税関当局にお問い合わせください(まずは皆様の相互承認コードを豪州の取引相手にお知らせください)。
ニュージーランド	取引相手に通知しなくても、正しい情報により申告されれば適用されます。	ベネフィット適用なし

*1 TARICコード：EUの共通関税率や、自主的関税停止や関税割当といった貿易政策による措置、関連規定などは「EU統合関税率(TARIC：Integrated Tariff of the European Union)」と呼ばれるデータベースにまとめられている。日本のAEO輸出入者がEUにおいてベネフィットを受けるためには、マニフェスト事前申告もしくは税関申告のTARICコード所定欄に「Y031」が入力されることが必要。　　　　　　(AEOセンターの資料より作成)

索 引

Index

改訂版 **受渡実務マニュアル 輸出編**

2024 年 7 月 20 日発行

定価：本体価格 1,900 円＋税

© オーシャンコマース　2024 年　ISBN978-4-900932-95-1 C2065　Printed in Japan

発行者　中川 圏司

編集人　永元　昭

発行所　〒105-0013
東京都港区浜松町1-2-11（葵ビル）
株式会社　オーシャンコマース
TEL: (03) 3435-7630
FAX: (03) 3435-7896
URL: www.ocean-commerce.co.jp